Hansjörg Falz, MERIAN-Chefredakteur

Liebe Leserin, lieber Leser,

als ich für diesen Text eine digitale Karte für Franken suchte, wurde mir von der Suchmaschine der Zufallstreffer »heimatlotse.de« angezeigt. Das ist ein Projekt von ganz vielen, ganz wichtigen fränkischen Institutionen, um in der Metropolregion Nürnberg, die Mittelfranken und Oberfranken umfasst, Freizeit- und Naherholungsangebote zu promoten. Dabei wird spielerisch vorgegangen, man darf etwa in einer Suchmaske angeben, ob man als »best friends« unterwegs ist oder »Kulturlover«. Mit dieser MERIAN-Ausgabe halten Sie Franken komplett (also auch Unterfranken) in der Hand. Und unsere inhaltliche Tour durch dieses wirklich abwechslungsreiche bayerische Urlaubs- und Reiseland beginnt in Aschaffenburg, wo unser Autor Thomas Gsella lebt. Er führt uns Leser in den Spessart, »den größten zusammenhängenden Laubmischwald Deutschlands«, was Sie sich in Zeiten von Brennholzknappheit als prima unnützes Wissen für Tischgespräche merken könnten … Außerdem haben wir, wie immer total subjektiv, unseren Themenmix kreiert, der Sie zu Naturentdeckungen und einer Radtour in und um Bamberg mitnimmt sowie in eine Stadt führt, die weltweit für Blattgold berühmt ist: Schwabach. Da es den MERIAN Nürnberg gibt und demnächst auch wieder einer über Würzburg entstehen wird, spielen beide Städte hier eine Nebenrolle. Was Bayreuth jenseits der Wagner-Festpiele zu bieten hat, fanden wir für diese Ausgabe interessanter. Ich wünsche Ihnen gute Unterhaltung und Inspiration für den Ausflug nach Franken, egal ob als »best friends« oder »Kulturlover«.

Herzlich, Ihr

Im April 1995 erschien die bisher einzige MERIAN Franken-Ausgabe. Auf dem Titel der Kirchturm von Hohenberg an der Eger

KUNSTPARADE Die Ausstellungen im Germanischen Nationalmuseum zu Nürnberg bieten Denkanstöße

Inhalt

FUNDSACHE Eigenhändig sammelt Felix Schneider die Pilze für das Menü seines Nürnberger Restaurants »etz«

TITEL: FRANK SCHNEIDER, FOTOS: GREGOR LENGLER (2), GEORG KNOLL, VIVI D'ANGELO

BIERTOUR Rund um Bamberg locken Biergärten wie der »Senftenberger Felsenkeller« zur gemütlichen Einkehr

TRADITION Seit über 150 Jahren wird in Schwabach in vielen Arbeitsgängen Blattgold hergestellt

Das Titebild von Frank Schneider zeigt Fachwerk und Barock in Betzenstein, der kleinsten Stadt im Naturpark Fränkische Schweiz, im Morgenlicht

Top 10

Die Wälder, die Städte, die Berge! Frankens Vielfalt gefiel MERIAN-Redakteur **Jonas Morgenthaler** auf Anhieb. Nach und nach entdeckte er immer mehr Schätze – in Museen, Kirchen und Weinkellern

1 WÜRZBURG

Der romanische Dom, die spätgotische Marienkapelle, das Falkenhaus mit seiner schicken Rokoko-Fassade und natürlich die barocke Residenz: Allein architektonisch hat Würzburg viel zu bieten. Auf der imposanten Festung Marienberg geht die kulturelle Hitparade weiter: der Fürstengarten mit Aussicht auf die Stadt! Die meisterhaften Skulpturen von Tilman Riemenschneider im Museum für Franken! Viel Stoff für tagelanges Sightseeing also. Würzburg ist aber auch Wein- und Unistadt, man kann sich ebenso gut einfach treiben lassen und die lebendige Atmosphäre genießen – etwa bei einem Weinfest oder zu afrikanischer Musik und Kultur beim Africa Festival (jeweils etwa Ende Mai).

museum-franken.de; africafestival.org

2 BAMBERG

Mit Orten wie »Klein-Venedig«, wo sich Fachwerkbauten im Wasser spiegeln, strahlt die Stadt an der Regnitz eine gehörige Portion mittelalterliche Romantik aus. Die Bandbreite reicht aber weiter: Allein im Stadtkern stehen 1300 Zeugnisse aus dem 11. bis 18. Jahrhundert unter Denkmalschutz. Dazu gehören auch Gebäude wie die Neue Residenz, ab 1604 errichtet für Fürstbischöfe, später bewohnt von Königen, mit Rosengarten und über 40 Prunkräumen – vielleicht protzig, aber ganz sicher nicht putzig.

residenz-bamberg.de

3 CADOLZBURG

Es ist schon fast ein Naturgesetz: Wer die Anhöhen erklimmt, findet in Franken ganz oben oft ein Schloss, eine Burg oder zumindest eine Ruine. Zu den imposantesten gehört die Cadolzburg. Schon 1157 wird die Vorzeigeburg erstmals erwähnt, die im 14. Jahrhundert zu einem wichtigen Machtzentrum des fränkischen Zweigs der Hohenzollern wurde. Das im Zweiten Weltkrieg ausgebrannte Gebäude wurde wiederaufgebaut und ist seit 2017 ein »Burg-Erlebnismuseum« mit einer umfangreichen, interaktiv gestalteten Ausstellung über die Geschichte der Burg und das Leben im späten Mittelalter.

burg-cadolzburg.de

4 FRÄNKISCHER GEBIRGSWEG

Tief in den Wald, hinauf zu Felsen oder einfach zur Stadt hinaus: In Franken ist das nächste Wandervergnügen nie weit. Wer große Pläne schmieden möchte, kann sich den Fränkischen Gebirgsweg vornehmen: Auf 428 Kilometern führt er von der Grenze zu Thüringen durch den Frankenwald, das Fichtelgebirge und die Fränkische Schweiz bis fast nach Nürnberg. Ansonsten sucht man sich einfach eine Lieblingsregion aus – etwa die Haßberge oder einen der anderen Naturparks, in denen Gäste auf Ranger-Touren Flora und Fauna kennenlernen können.

fraenkischer-gebirgsweg.de
frankentourismus.de/naturpark

5 NÜRNBERG

Die größte Stadt in Franken hat viele Facetten – und fast für so gut wie jede gibt es ein Museum. Das Spielzeugmuseum etwa zeigt, warum Nürnberg als »Spielzeugstadt« gilt, seit Jahrhunderten werden dort Zinnfiguren, Puppenküchen und Blechspielsachen hergestellt. Im Tucherschloss reist man zurück in die wohlhabende Welt der Nürnberger Handelsfamilien im 16. Jahrhundert, das Museum Industriekultur führt in die Zeit der Industrialisierung, das DB Museum durch die Geschichte der Eisenbahn. Auch die Zeit des Nationalsozialismus ist in der Stadt ein großes Thema: im Dokumentationszentrum Reichsparteitagsgelände (siehe S. 102) und im Memorium Nürnberger Prozesse.

museen.nuernberg.de; dbmuseum.de

6 FACHWERKSTÄDTCHEN

Die Erker, die schnuckeligen Fassaden mit den obligaten roten Geranien: Franken ist ein Traumziel für Fachwerkfans. Zu den Hotspots zählen Dinkelsbühl und Rothenburg ob der Tauber, beide ebenso vielbesucht wie geschichtsträchtig. Als Reichsstädte waren sie lange nur dem Kaiser unterstellt. Viele Bauten erinnern an diese glanzvollen Zeiten, etwa in Rothenburg das überraschend große Rathaus am Marktplatz mit eleganter

FOTOS: VOLKER RENNER, MICHAEL SCHINHARL, GEORG KNOLL, IMAGEBROKER/IMAGO IMAGES

1 Der Nürnberger Hauptmarkt vor der Frauenkirche macht nur am Sonntag Pause **2 Bamberg** ist voller historischer Highlights, darunter die Obere Brücke und das Alte Rathaus **3 Der Main-Radweg** bietet schöne Ausblicke, hier etwa auf die Ruine Scherenburg und Gemünden am Main

Renaissance-Fassade und Schautreppe – zu Stein gewordener Bürgerstolz.

7 HEILBÄDER

Stolze 19 Kurorte und Heilbäder gibt es in Franken. Ein Klassiker mit vielen historischen Bauten ist Bad Kissingen, das als Kurstadt sogar zum Welterbe der UNESCO gehört. Nicht ganz so bekannt, aber auch sehenswert ist Bad Windsheim. Neben der modernen »Franken-Therme« finden Gäste dort eine hübsche Altstadt und das Fränkische Freilandmuseum mit über 100 Gebäuden.

frankentourismus.de/heilbaeder-kurorte
franken-therme.net; freilandmuseum.de

8 AM MAIN ENTLANG

Der Main zieht sich einmal quer durch Franken – perfekt für Radfahrer, die auf dem Main-Radweg von den Quellen nahe Bayreuth an besten Weinlagen vorbei weiter nach Hessen fahren können. Unterwegs lassen sich lohnenswerte Pausen einbauen, etwa in Schweinfurt mit dem Museum Georg Schäfer, der Kunsthalle, dem Renaissance-Rathaus und der Stadtbücherei im schicken Ebracher Hof, einer gelungenen Verbindung aus historischer und aktueller Architektur. Oder auch in einer der kleineren Weinstädte wie Ochsenfurt, das bis heute von einer mittelalterlichen Befestigung mit Türmen und Toren geprägt ist.

mainradweg.com; museumgeorgschaefer.de
kunsthalle-schweinfurt.de

9 BIER UND BRATEN

Wer gerne Bier trinkt, wird Franken mit seinen rund 300 Brauereien lieben (siehe S. 70). Eines der Zentren ist Kulmbach im Frankenwald, dort gibt es im Mönchshof auch gleich ein Biermuseum, natürlich inklusive Gläserner Brauerei. Beste Begleiter für das frisch gezapfte *Seidla* (½-Liter-Krug) sind die deftigen Klassiker der fränkischen Küche, etwa die vielen Würste oder *Schäuferla*, zart geschmortes Fleisch aus der Schweineschulter mit knuspriger Schwarte.

franken-bierland.de
kulmbacher-moenchshof.de

10 CASTELL

Der Ort am Steigerwald steht für die lange fränkische Weinbautradition: Eine Urkunde belegt, dass hier schon 1659 die ersten Silvaner-Reben gepflanzt wurden – vermutlich zum ersten Mal in Deutschland. Heute sind Silvaner typisch für ganz Franken und einige der besten reifen im Keller des Weinguts Fürstlich Castell'sches Domänenamt, das von der Adelsfamilie Castell geführt wird – inzwischen in der 26. Generation.

castell.de

#14

Open up to the World

MUSEUM MIT TIEFGANG

Was erzählen diese Dinge?

...fragte sich MERIAN-Redakteur Jonas Morgenthaler beim Rundgang durch das Germanische Nationalmuseum (S. 52). Generaldirektor Daniel Hess erzählte ihm als Antwort jede Menge Geschichten. Vor dem Sebastiansaltar von Hans Baldung Grien reichte die Zeit allerdings nur noch für ein Foto.

PROBIER-SET MIT PROZENTEN

Etwas skeptisch blickt unser Autor **Georg Cadeggianini** in eines der fünf Biergläser der Brauerei Binkert in Breitengüßbach, während Fotograf **Georg Knoll** – ganz der Profi fürs Optische – genauestens einen Farbton analysiert. Die beiden waren mit dem Fahrrad rund um Bamberg unterwegs, wo sich viele Traditionen um das flüssige Gold drehen (S. 70).

ERFREUTES TRIO

Tinka Dippel (rechts) dachte, **Alexandra und Thomas Zimmer** von der Traditionsbäckerei Lang seien verreist. Bis sie an ihrem letzten Abend in Bayreuth (S. 40) zufällig bei ihnen vorbeikam und feststellte: Im Urlaub betreiben die Zimmers eine Buschenschänke – wo die drei mit hausgebrautem Bier auf gutes Brot und schöne Zufälle anstießen.

GOLDIGES DUO

In Schwabach bringen sie nicht nur Fassaden und Dächer zum Strahlen, sondern auch Besucher wie MERIAN-Redakteur **Kalle Harberg** und Fotograf **Gregor Lengler** (auf dessen Rücken). Ab Seite 94 zeigen die beiden, wie jenes Blattgold entsteht, das Paläste in aller Welt und in Schwabach sogar den Cappuccino ziert.

FOTOS: GEORG KNOLL, GREGOR LENGLER

Land der Entdecker

Versteinerte Vögel und buntes Blechspielzeug, sensationelle Pionierleistungen und deftige Wurst: **Franken** ist die Region kühner Ideen und alter Meisterwerke

FEDERN UND FLÜGEL, dazu Zähne und ein langer Schwanz: Der Urvogel Archaeopteryx gilt als das wohl berühmteste Fossil der Naturgeschichte

Nahe Solnhofen im fränkischen Altmühltal, 1860: Beim Spalten einer Kalkplatte entdeckt ein Arbeiter den Abdruck einer Feder aus der Jurazeit. Der Fund ist eine Sensation, aber nur ein kleiner Anfang. Nach und nach finden sich in der Gegend weitere Fossilien, die ein faszinierendes Tier erkennen lassen: Archaeopteryx, den Urvogel. Nicht größer als eine Elster, mit Federn und Flügeln, aber auch Zähnen und einem langen Schwanz wie bei einer Echse. Die Wissenschaft ist gespalten: Zeigt der Abdruck nun einen Dinosaurier, zeigt er einen Vogel oder ist das Tier ein Bindeglied zwischen beiden – das von Charles Darwin beschriebene »Missing Link«? Bewundern kann man einige der Fossilien im Museum Solnhofen und im Jura-Museum des oberbayerischen Eichstätt. Der neueste Fund aus dem Jahr 2016 ist im Dinopark Denkendorf ausgestellt. **naturpark-altmuehltal.de**

ADIDAS VERSUS PUMA

Kampf der Turnschuhe

1924 gründen die Brüder Rudolf und Adolf Dassler in Herzogenaurach ihre erste Sportschuhfabrik. Ihr Traum: den besten Schuh für Sportler nähen. Der Zweite Weltkrieg aber macht sie zu erbitterten Feinden: Rudolf muss an die Front, Adolf leitet weiter die Fabrik. 1948 teilen sie ihre Firma: Links des Flusses Aurach betreibt Adolf »Adidas«, rechts der Aurach eröffnet Rudolf »Puma«. Beide steigen zu Weltmarken des Sports auf. Doch ihr Streit spaltet auch ihre mittelfränkische Heimat über Jahrzehnte. Und sie übersehen dabei einen Konkurrenten, der sie von ihrem Thron stürzt: Nike, 1964 in den USA gegründet. Heute die Nr. 1 der Sportartikelhersteller.

adidas.de, puma.de

ZEITGEISTBRAUSE

Gedacht war sie eigentlich für Kinder – kaum Zucker, keine künstlichen Farbstoffe. Berühmt machte sie aber die Hamburger Kneipenszene: die Bionade, erfunden in Unterfranken.

bionade.de

FABER-CASTELL

SCHÖNER SCHREIBEN

Alles begann 1761 in Stein bei Nürnberg, als Kaspar Faber Holzschäfte für Graphitminen schnitzte. Heute, über 260 Jahre später, stellt das Unternehmen Faber-Castell längst auch Füller und Kugelschreiber her – der Bleistift ist aber noch immer Aushängeschild der Firma. Jedes Jahr werden rund zwei Milliarden Holzstifte hergestellt.

faber-castell.de

FOTOS: IMAGEBROKER/IMAGO IMAGES, WWW.THOMASRIESE.COM, FABER-CASTELL

CHRISTIAN SCHAD MUSEUM

Hübsch sachlich

Christian Schad (1894–1982) ist ein Tausendsassa der modernen Kunst: Maler, Grafiker, Fotograf, ein Meister vieler Kunststile, als führend gilt er aber auf dem Feld der »Neuen Sachlichkeit«. Mehr als 3200 Werke umfasst sein Nachlass, etwa 200 davon zeigt das im Juni 2022 neu eröffnete Museum in Aschaffenburg. Darunter auch seine ernstblickende »Mexikanerin«, die er 1930 malte (Foto).

museen-aschaffenburg.de

Vater der Jeans

Sein Name ist weltbekannt, seine Hosen sind Kult: Dass Levi Strauss aus Franken stammt, weiß dagegen kaum jemand. In seinem Geburtsort Buttenheim erzählt ein Museum seine Erfolgsgeschichte.

levi-strauss-museum.de

MITTELALTERKUNST

BARBAROSSAS KREUZZUG

Die Zeichnung ist leicht verblasst, aber wer genau hinguckt, erkennt links einen Mann hoch zu Ross: Kaiser Friedrich I. (um 1122–1190), bekannt als Barbarossa. Das fast vier Meter hohe Gemälde, das den Rittersaal der Burg Gamburg nahe Würzburg schmückt, zeigt Szenen vom Kreuzzug des Stauferkaisers. Die rund 900 Jahre alten Bilder gelten als älteste weltliche Wandmalerei nördlich der Alpen.

burg-gamburg.de

PLAYMOBIL

COOLE KINDERTRÄUME

Die Figuren sind klein, die Idee aber ist riesengroß: 1974 stellt die Firma »geobra Brandstätter« aus Zirndorf zum ersten Mal ihre bunten Männchen mit den beweglichen Armen vor. »Playmobil«, wie die fränkische Firma ihr neues Produkt tauft, wird rasant zum Welterfolg. Heute gibt es in Zirndorf sogar den »Playmobil Funpark« – das kleine Plastikuniversum in lebensgroß. **playmobil-funpark.de**

BUNTES AUS BLECH

Um 1910 galt Nürnberg als Weltstadt des Blechspielzeugs, mehr als einhundert Firmen schufen putzige Autos, Lokomotiven, Tiere. Oder Karussels wie sie Joseph Wagner herstellt, einer der letzten seiner Art. Zu finden unter:

servusmarktplatz.com

50 JAHRE BOBBY CAR

Rot, robust, weniger Ferrari, mehr Traktor: Das »Bobby Car«, 1972 von der Firma BIG in Fürth entworfen, begeisterte selbst den eigenen Chef zunächst wenig: Das Kindergefährt nannte er schlicht »hässliches Entlein«. Aber eines mit Erfolgsgarantie. Verkauft hat es sich bisher über 20 Millionen Mal. big.de

Deftiges aus Franken

Würziger roter Presssack
Schon der Name ist kultverdächtig, aber auch der Inhalt kann sich sehen, besser noch, schmecken lassen: vom Schwein die Schulter, ein bisschen was vom Kopf, dazu frisches Blut und Gewürze. Der Name der Wurst rührt von der Herstellungsmethode: Die Würste presst man zwischen zwei Holzbretter, um die Zutaten zu verteilen.

Nürnberger Bratwurst
Kaum eine Grillwurst ist so bekannt wie die Nürnberger: maximal neun Zentimeter lang, mit den Grundzutaten Schweinefleisch, Salz, Pfeffer und Majoran. Und so klein ist sie übrigens, weil sie im Mittelalter durch gebohrte Löcher in der Gefängniswand passen musste, als Schmuggelware für hungernde Knastbüder. Behauptet jedenfalls die Legende …

DEUTSCHE BAHN

Mit Volldampf voraus

Selbstredend beginnt das Zeitalter der deutschen Eisenbahn in Franken, genauer gesagt in Nürnberg: Von hier aus dampft 1835 der »Adler« mit neun Waggons und etwa 200 Fahrgästen an Bord bis nach Fürth. Sechs Kilometer in knapp 15 Minuten. Logisch, dass sich heute das Museum der Deutschen Bahn in Nürnberg befindet. Neben der ersten Dampflok in Deutschland (leider nur ein Nachbau) ist hier das Designmodell eines ICE ausgestellt (Foto), dazu kommen weitere rund 40 Ausstellungsstücke, darunter sogar solche Schönheiten wie der Salonwagen von Bayernkönig Ludwig II. **dbmuseum.de**

FLUGPIONIER

HELD DER LÜFTE

Gustav Weißkopf, 1874 in Leutershausen geboren, Motorenschlosser und Seemann, ist 23, als er nach New York kommt und seinen Traum lebt: 1901 hebt er zu einem ersten Testflug ab, sein Flugzeug Nr. 21 hat zwei Propeller, angetrieben von einem 20-PS-Motor. Zehn Minuten hält sich Weißkopf in der Luft – wahrscheinlich der erste bemannte Motorflug der Geschichte. Seine Geburtsstadt erinnert an ihn mit einem Museum, darin ein Nachbau seiner Flugmaschine (bis Frühjahr 2023 wegen Umbau geschlossen).
weisskopf.de

FOTOS: Richard Oechsner/Adobe Stock, UWE NIKLAS/DBMUSEUM, CRISTOPHER CIVITILLO, PR.HEIGOLD.NET

MERIAN cewe

GROSSER FOTOWETTBEWERB
ZEIGEN SIE IHRE BESTEN BILDER

Jetzt mitmachen! Wir suchen Fotos zu: IRLAND, MONACO/CÔTE D'AZUR, WÜRZBURG

Traumreise für 10 000 € zu gewinnen

»Die Lust am Reisen« – unter diesem Motto suchen MERIAN und CEWE die schönsten Leserfotos. Senden Sie Ihre Lieblingsbilder aus aller Welt ein! Hauptgewinn ist eine exklusive Tour im Wert von 10 000 Euro: Sie begleiten einen MERIAN-Fotografen auf seiner Recherchereise an ein besonderes Urlaubsziel. Mitmachen ist ganz einfach – und Sie haben sogar zwei Gewinnchancen!

In Kooperation mit CEWE, Europas führendem Fotoservice

1. CHANCE: LESERFOTO DES MONATS

Jeden Monat werden Ihre besten Fotos zum nächsten Heftthema gesucht: einfach online hochladen und mitmachen! MERIAN prämiert das beste Leserfoto und veröffentlicht es im Heft (s. S. 18). Die nächsten Themen: **Irland, Monaco/Côte d'Azur, Würzburg.** Ihre Fotos sollen einen Bezug zum jeweiligen Monatsthema haben, das Motiv darf frei gewählt werden: Ob Landschaftsbilder oder Straßenszenen – der Fantasie sind keine Grenzen gesetzt. Jeder Monatsgewinner erhält einen CEWE FOTOBUCH Gutschein im Wert von 50 Euro sowie ein MERIAN-Jahresabonnement.

2. CHANCE: FOTO DES JAHRES

Jedes hochgeladene Foto hat dazu automatisch die Chance, das Foto des Jahres zu werden. Für diesen Wettbewerb dürfen Sie auch Bilder von anderen Zielen einsenden. Alles, was zum Motto »Die Lust am Reisen« passt, ist erlaubt: Motive von besonders schönen, originellen oder amüsanten Momenten genauso wie Fotos, die im Gedächtnis bleiben. Die Auswahl trifft eine Expertenjury – und dem Sieger winkt eine exklusive Reise im Wert von 10 000 Euro.

Alle weiteren Infos: merian.de/leserfotos

Mit nur einem zusätzlichen Klick können Sie auch am CEWE-Fotowettbewerb »Our world is beautiful« teilnehmen!

FOTOS: MARKUS BASSLER, GULLIVER THEIS, GREGOR LENGLER, ISABELA PACINI

TATJANA WITTMER

»Dieses Motiv«, sagt Tatjana Wittmer, die den Leserfoto-Wettbewerb in diesem Monat gewonnen hat, »zeigt für mich das Besondere der ›Blauen Nacht‹ in Nürnberg«. Nicht nur aufgrund des Lichts, sondern auch, weil die das Kunstwerk betrachtenden Menschen in das Kunstwerk einbezogen würden. Ein Hauptanziehungspunkt der »Blauen Nacht« sei in diesem Jahr die fantasievolle Lichtprojektion auf der Kaiserburg gewesen, »die von der Mixed-Media-Künstlerin Sascha Banck gestaltet wurde«. Wittmers Foto zeigt eine Momentaufnahme der etwa zehnminütigen Projektion »Streifzug durchs Paralleluniversum«. Wittmer: »Die junge Frau schaut nachdenklich aus dem Burgturmfenster auf das Publikum, die Menschen auf der Mauer und das Publikum unten blicken zurück.« Es sei ein gelungenes Wechselspiel von Sehen und Gesehenwerden.

»Nachdenklich genießen die Menschen die fantasievolle Lichtprojektion und werden Teil des Kunstwerks«

FOTOS: TATJANA WITTMER (2), THIES RAETZKE

DAS SAGT DIE JURY

Sibel Soycetin, MERIAN-Bildredaktion: »Diese Momentaufnahme nennt die Fotografin ›Alle schauen‹. Es sind die Gäste der ›Blauen Nacht‹ in Nürnberg, sie sitzen auf der Mauer, man sieht nur ihre Silhouetten in der Dunkelheit. Als Betrachterin des Fotos bin ich mittendrin und mich erfasst ein Anflug von Melancholie beim Anschauen der Projektion am Turm. Und ich verspüre Demut mit den Menschen auf der Mauer, die sich an so einem energetischen Ort befinden, der sicher viel gesehen und erlebt hat. Und alles verbindet sich in mir und sagt leise: eine tolle Komposition.«

EIN FÜRSTLICHES ENSEMBLE IM GARTENREICH

Markgraf Friedrich III. ließ 1761 nahe Bayreuth als Sommerrefugium ein Schloss bauen. »Fantaisie« nannte seine Tochter Elisabeth Friederike Sophie das Anwesen, das sie nach seinem Tod fertigstellte. Sie schuf auch einen traumhaften Rokoko-Garten, der im 19. Jahrhundert zum weitläufigen Landschaftspark erweitert wurde. Kein Wunder also, dass das Schloss heute das erste deutsche Museum der Gartenkunst beherbergt

KLASSISCHE

FOTO: THOMAS KÖHLER, BAYREUTH/BAYERISCHE SCHLÖSSERVERWALTUNG

SCHÖNHEIT

Bei Franken, dem Land im Norden Bayerns, denken viele an Bier, deftige Küche und dichte Wälder. Stimmt schon, aber natürlich greift das viel zu kurz. Schließlich punktet Franken auch mit einzigartigen Museen, prächtigen Schlössern und eleganten Kurbädern

DIE ZUKUNFT DER ERDE FEST IM BLICK

Vom Herzen Nürnbergs in die aufregende Welt von morgen: Das Deutsche Museum schickt die Besucher in seinem »Zukunftsmuseum« auf eine Zeitreise, die spielerisch zeigt, wie unser Leben in fünfzig Jahren aussehen kann. Wie verändert sich unser Alltag, wie unsere Arbeit, was geschieht mit Körper und Geist? Drei Etagen voller Experimente, Installationen und Roboter – viel *Science* und ebenso viel *Fiction*

FOTO: LUDWIG OLAH/DEUTSCHES MUSEUM

FOTOS: POMPEJANUM ©BAYERISCHE SCHLÖSSERVERWALTUNG _ KUT _ T. BENZIN, ADOBE STOCK

WO ANTIKE UND RENAISSANCE GANZ ROMANTISCH SIND

Die Ausgrabungen in Pompeji gefielen Bayerns König Ludwig I. so gut, dass er sich seine eigene kleine Antike schuf: 1848 ließ er in Aschaffenburg das Pompejanum errichten, den Nachbau eines römischen Wohnhauses mit himmelaufragender Säulenhalle. Feingliedrig wirkt daneben die schmiedeeiserne Treppe, die sich an der Wand von Schloss Mespelbrunn emporschwingt. Seit dem 15. Jahrhundert schmiegt sich das im Stil der Renaissance umgestaltete Wasserschloss malerisch in die sanften Hügel des Spessart

FRANKENS SCHÖNHEITEN LEUCHTEN IM WARMEN LICHT

In den Abendstunden entfaltet der Marktplatz von Volkach seinen lieblichen Charme. Hier treffen sich Einwohner und Gäste zum Feiern und Entspannen am Stadtbrunnen vor dem alten Rathaus und dem ehemaligen Tuchhaus, einem der ältesten Fachwerkbauten der Stadt. Volkach liegt umgeben von Weinhügeln idyllisch an einer Schleife des Mains, der hier gemächlich durch Unterfranken fließt

FOTO: HOLGER LEUE/FRÄNKISCHES WEINLAND TOURISMUS

EINE ELEGANTE BÜHNE FÜR GROSSE KUNST

Diese unglaubliche Fülle! Das Museum Georg Schäfer präsentiert in seinen farbstarken Sälen brillante deutsche Kunst des 19. Jahrhunderts: Gemälde von Max Slevogt, Caspar David Friedrich und Max Liebermann, außerdem die weltweit größte Kollektion von Werken Carl Spitzwegs. Das Gebäude setzte der Architekt Volker Staab ins Zentrum von Schweinfurt, ein avantgardistischer Blickfang

FOTO: PETER LEUTSCH/MUSEUM GEORG SCHÄFER

HEILSAME ORTE VOLLER GLANZ UND GLORIA

Rund 100 Kilometer liegen zwischen beiden Orten, die verbunden sind durch edlen Schimmer: Der Grüne Saal mit seinen silberfarbenen Jugendstil-Ornamenten ist der filigrane Höhepunkt des imposanten Regentenbaus, der 1911-1913 als Wahrzeichen für Bad Kissingen errichtet wurde. Die goldverzierten Figuren der Nothelfer in der Basilika Vierzehnheiligen von Bad Staffelstein sind Trostspender in dunkler Zeit

FOTOS: ANDREAS GILLNER/PICTURE ALLIANCE, IMAGEBROKER/ALAMY STOCK PHOTO

EIN TRUTZIGER BAU IN SAGENHAFTER LAGE

Eine Ritterburg wie aus dem Märchen: Die Veste Coburg, im 11. Jahrhundert erstmals erwähnt, überragt imposant die Stadt im Norden Frankens. Heute befindet sich hinter ihren Türmen und Zinnen eine der bedeutendsten Kunstsammlungen der Region: ein beinahe unüberschaubarer Schatz an Kupferstichen und Jagdwaffen, gekrönt von den Werken des fränkischen Malers Lucas Cranach d. Ä.

FOTO: VAL THOERMER/ADOBE STOCK

Verschluckt vom **Spessart**

In Franken wissen die Wälder noch, wie Wald geht, schmeckt das Bier nach Bier und im Fleisch ist Fleisch. So hat seine Zufallsheimat den Satiriker **Thomas Gsella** nach und nach überzeugt zu bleiben

An einem Samstag kurz nach dem Zweiten Weltkrieg saß eine gute Handvoll meiner nachmaligen Eltern, Tanten und Onkel in einem überfüllten Zug nach Köln. Sie wollten dort ein neues Zuhause und ein neues Leben finden, waren abgelenkt von übergroßen Ängsten und Sorgen und stiegen in der Ruhrgebietsstadt Essen aus.

So wurde ich versehentlich Essener.

An einem Samstag kurz nach dem Beginn meiner Arbeit als Chefredakteur der Frankfurter Satirezeitschrift *Titanic* saßen wir in einem überfüllten Auto nach Frankfurt. Wir wollten dort ein neues Zuhause finden, möglichst Altbau mit Garten, waren abgelenkt von übergroßen Mieten und Maklergebühren und fuhren ins nahe gelegene unterfränkische Aschaffenburg, um Freunde zu besuchen. Sie hatten die Regionalzeitung abonniert, und im Anzeigenteil lasen wir von einer Altbauwohnung mit Garten. Sie war groß, schön und bezahlbar.

So wurde ich versehentlich Aschaffenburger.

Alte Bäume, heißt es, soll man nicht umpflanzen, für mittelalte fehlen Empfehlungen. Aber wer fast fünfzig Jahre in der Millionenstadt aus Duisburg, Essen, Bochum, Dortmund verbracht hat, muss, so scheint mir, bei der Neuwurzelbildung nicht unnötig hetzen. Der fränkische Boden ist ein anderer als der zwischen den Kohleflözen, er hat andere Nährstoffe und einen anderen, teils gar exotischen Geschmack.

Meine erste sinnliche Erfahrung mit fränkischen Ureinwohnern machte ich in einem Regionalzug nach Aschaffenburg. Hinter mir unterhielten sich zwei Männer in einer mir fremden Sprache, ich tippte auf Finnisch, Rumänisch, Armenisch, ich tappte also im Dunkeln und gab auf, als ich aussteigen musste. Außer mir erhob sich niemand, auch das war mir neu. Im Ruhrgebiet gibt es keine Haltestelle, an der nicht mindestens fünf Leute pro Tür ein- oder aussteigen, hier schien ich der Einzige. Dann aber sprangen auch die beiden Männer auf, und auf dem Bahnsteig wurden sie von Menschen in derselben Sprache begrüßt, und ich stürzte

FOTOS: VERLAG ANTJE KUNSTMANN GMBH, CLAUS TEWS/SPESSART TOURISMUS & MARKETING GMBH

Bäume wie dezente Türsteher,
ein Wald wie ein unerschöpflicher
Maler: der Spessart

durch ein Wurmloch in ein Universum, in dem alle auf dem Bahnsteig in dieser Sprache redeten. Doch es war kein Wurmloch, sondern mein neues Zuhause.

Der Garten der künstlichen Kreuzungen blüht halt so bunt wie durchwachsen. Aus Mandarinen und Pampelmusen wurde einst die süße Orange, die Kreuzung aus Fränkisch und Hessisch gilt als weniger köstlich, und nach ein paar Gläsern gestehen auch Einheimische, dass es klinge wie ein chronisches Leiden. Aschaffenburg heißt hier Aschebersch, und nur wenn man Glück hat, verirrt sich in dieses waghalsige Mundartprojekt das so zaubrisch rollende »R« des echten Frankenlandes, zu dem Aschaffenburg offiziell gehört und das doch erst neben ihm und unter ihm beginnt.

Das aber direkt. Mit dem ersten Schritt aus der Stadt hinaus betritt man im Südosten den Spessart, den größten zusammenhängenden Laubmischwald in Deutschland und doch nur einen von vielen betörenden fränkischen Großwäldern. Wen aber allein schon dieser Spessart mal angesaugt und geschluckt hat, den gibt er Stunden, im besten Falle Tage nicht mehr frei, denn all seine ersten Bäume sind die effektivsten und gleichzeitig dezentesten Türsteher der Welt. Mit einem unmerklichen Handgriff entwenden sie einem das urbane Ich mit seiner Hektik, seiner Planungs- und Zeitbeherrschsucht und stecken einem offene Augen, Ohren und Nasen in den Rucksack, garniert mit frischem Gleichmut und einer federleichten Tonne Glück.

Wieviele Wälder sind ja ein Witz! Sie liegen in und zwischen viel zu großen Städten und existieren nur, weil noch keine Immobilienbande sie zubetonieren und in Profit verwandeln ließ, doch schon heute sind sie so erbärmlich und überlaufen wie das Gewerbeinferno, das morgen aus ihnen wird.

Aber der Spessart ist kein Witz. Die Räuber der guten alten Zeit taten klug daran, ihn als Versteck zu wählen, denn 2400 Quadratkilometer voller Ober- und Unterholz, Büsche, Felsen und Bäche wären selbst für heutige Wärmebildkameras ein harte Nummer. Der Spessart weiß, wie Wald geht, ein unerschöpflicher Maler, der seinen Gästen hinter jeder neuen Kurve ein in Jahrtausenden komponiertes Bild präsentiert, eines zum Anfassen und Betreten sogar. Und er pickt ihnen geheimste Wünsche von der Seele und macht sie augenblicklich wahr.

Kaum nämlich denkt man, so nach zwei, drei Stunden einsamster Waldeinsamkeit, jetzt könne ruhig mal wieder ein Mensch vorbeikommen, kommt einer vorbei. Und kaum wird man gewahr, noch einmal Stunden später, dass die Kehle nun doch etwas trocken ist und der Magen brummig, zückt der Maler ein neues kolossales Waldbild, diesmal mit einem Dörfchen in der Mitte, man sieht Traktoren, Katzen, Hühner, Fachwerk und alte, enge Gassen, in deren sanftem Wind ein altes Keramikschild baumelt: »Restaurant und Biergarten«.

Die vegane Molekularküche wurde nicht in Franken erfunden, denn Wandersleute mögen Kalorien. Aus brutzelnden Speisekarten fliegt tierischstes Fleisch direkt in den Wanst, und zum Nachspülen bekommt man gute fränkische Weine und Bier, das den Namen verdient. Rund dreihundert Brauereien gibt es in Franken, eine kleiner und besser als die andere, und weil alle hier wissen, dass nur die Liebe erhabener und schöner ist als das Stillen eines großen Durstes, sind auch die unzähligen Waldtiertränken allzeit gut gefüllt. So wissen die Menschen zu leben und leben zu lassen, nur die Ärztinnen und Ärzte beäugen diesen regionalen Hang zur doppelten Leberverfettung mit Sorge und nennen es die »fränkische Krankheit«. Pfff. Sei's drum!

Und je hungriger man wandert und einkehrt, desto trainierter werden ja Bauch und Beine. Spessart, Obermain-Jura, das Romantische Franken, das Liebliche Taubertal, die nicht weniger lieblichen Haßberge oder der Naturpark Altmühltal: Wer all die eher sanften Erhebungen und Fleischhügel bewältigt hat, will und wird sich auch an die sportlicheren Abenteuer wagen. Sie heißen Frankenwald, Rhön, Steigerwald, Fichtelgebirge und Fränkische Schweiz, sind ausgewachsene Mittelgebirge und haben von allem noch mehr: mehr Wald, spektakulärere Ausblicke, Fels- und Fleischformationen, Anstiege und Schluchten, Wassergärten und Bierfälle. Oder umgekehrt.

Und waschechte Aliens. Die Zeiten der eher scheuen grünen Männchen und Weibchen sind allerdings vorbei. Heute präsentieren Extraterristen gern das komplette Farbspektrum, denn sie möchten vor allem auffallen, und auch deswegen kommen sie nicht länger in herkömmlichen Raumschiffen angeflogen, sondern auf hippen und möglichst sündteuren Klingonen-Bikes.

Der Sinn so leicht, das Herz so weit,
Der Finke winkt – wir wandern
Durch süßeste Waldeinsamkeit.
Dann kommen sie: die andern.

Auf Kriegsfahrrädern sausen sie
Wie Bomben durch die Stille!
Knallbunt verkleidet brausen sie!
Als wären sie auf Pille.

Da macht in ihren Speichen, hui,
Ein Ästlein, ach, sie segeln.
Wer war denn das? Wir selber? Pfui.
Das muss man anders regeln.

Aber wie? Warum mögen diese Wesen denn nicht auf zwei Beinen laufen, wie es uns Höherentwickelte doch hervorhebt aus eben jenem Tierreich, dessen aussterbende Reste sie aber lieber johlend platt fahren mit ihren aufgeblasenen Lastwagenreifen?

Oder ist das Extrembuntbiking Symptom einer posttraumatischen Belastungsstörung? Überfallen Franken heute ihren unschuldigen Wald vielleicht so, wie sie sich selber überfallen fühlten im Juli 1806? Damals wurde, im Gefolge des napoleonischen Sieges über Preußen, das einst so mächtige Herzogtum Franken dem Königreich Bayern zugeschlagen. Und seitdem unterjocht die bayerische Weiß- die fränkische Bratwurst, der bayerische Katholizismus den fränkischen Protestantismus und der große böse FC Bayern München den lieben kleinen 1. FC Nürnberg.

Wenn allerdings die fränkischen Wälder mal wieder ein bisschen voller sind, sind die fränkischen Städte entsprechend leerer und noch verzückender als eh schon. Die zu Recht bekanntesten Frankensiedlungen heißen Nürnberg, Erlangen, Würzburg, Bamberg, Bayreuth und, ja, auch Aschaffenburg, und sie alle prassen mit so unzähligen Stätten und Stellen aus älteren und alten und sehr alten Zeiten, so vielen historischen Bau- und Kunstwerken, Gassen und Plätzen, engsten Winkeln und weitesten Panoramen, dass es ganze MERIAN-Hefte mit Leichtigkeit füllt.

Seit siebzehn Jahren hausen, speisen und trinken wir nun in Franken. Die Wälder sind berauschend, die Dörfer fehlerfrei und auch die Städte sehr gut. Und so wird er wohl kommen, der Tag, da ich das »versehentlich« streiche. ■

Thomas Gsella *arbeitete viele Jahre für das Satire-Magazin »Titanic«, erst als Redakteur, dann als Chefredakteur. Heute lebt er als freier Autor in Aschaffenburg. 2021 erschien »Ich zahl's euch reim!«, eine Sammlung politischer Gedichte (Kunstmann Verlag).*

Perspektivwechsel am „Wipfelgipfel“
Wer wissen will, was Nachhaltigkeit eigentlich bedeutet, ist im „Steigerwald-Zentrum – Nachhaltigkeit erleben“ richtig. Danach geht es in luftige Höhen auf den „Baumwipfelpfad Steigerwald“, der sich zwischen den Baumkronen nach oben schraubt. Auf dem barrierefreien Weg zum „Wipfelgipfel“ warten Spielstationen, jede Menge Infos zum Lebensraum Wald sowie dank der „Wipfelapp“ auch Quizfragen und Augmented Reality.

Baumwipfelpfad Steigerwald

Urlaubspartner Bus und Bahn
Nachhaltig ans Ziel kommt man in Franken mit der Bayerischen Eisenbahngesellschaft (BEG) und dem Verkehrsverbund Großraum Nürnberg (VGN), die viele Ausflugsziele und Ausgangspunkte für Wander- und Radrouten ansteuern. Ideal für die Tourenplanung ist außerdem die Plattform „komoot“. Hier präsentieren die fränkischen Urlaubslandschaften und Städte eigene Tourenkollektionen – mit vielen naturnahen Rad- und Wanderwegen und herrlich entspannenden Aktivtipps.

Nachhaltig ans Ziel

Das Rhönschaf

Gelbes Vieh für den Genuss
Das Schöne an den fränkischen Naturparks ist, dass Landschaftsschutz hier ausgesprochen gut schmeckt! Viele Flächen, die wichtiger Lebensraum für Tiere und Pflanzen sind, können nur mit tierischer Hilfe erhalten werden. Deren Fleisch wiederum bereichert die regionale Küche. Vor allem Schafe spielen eine große Rolle, Gesellschaft bekommen sie durch Beweidungs-Projekte mit alten Rinderrassen wie dem „Gelben Frankenvieh“ oder dem „Sechsämterrotvieh“.

Oasen mitten in der Stadt
Grüne Auszeiten sind in Franken sogar mitten in der Stadt möglich: dank der Schlossgärten, Landschaftsparks oder privaten Refugien, die als „Parks und Gärten – Frankens Paradiese“ zum sinnlichen Flanieren einladen – von der Bayreuther Eremitage über den Eichstätter Bastionsgarten bis zum Bürgerpark Hain, dem größten Biotop Bambergs.

Kurpark Bad Mergentheim

Azur Camping Kipfenberg

Gebettet in Nachhaltigkeit
Schon seit langem sind nachhaltige Unterkünfte für fränkische Hoteliers und Vermieter eine Herzensangelegenheit. Mit regionalen Zutaten in der Küche, natürlichen Materialien, Ökostrom und vielem mehr halten sie ihren CO_2-Fußabdruck klein. In Erlangen übernachtet man sogar in Deutschlands erstem klimapositiven Hotel. Wer noch näher an der Natur schlafen will, ist willkommen auf Trekkingplätzen, in Schäferwagen oder Baumhaus-Hotels.

Naturerlebnis mit Zukunft

Nachhaltiger Urlaub in Franken

Großer Urlaubsgenuss, kleiner CO_2-Fußabdruck: kein Problem in Franken! Vor allem seine Naturparks stehen für nachhaltigen Urlaub, doch Franken macht diesen auch in vielen anderen Bereichen möglich.

Markante Felsen, weite Eichenwälder, Weinberge und Wacholderheiden, auf denen Schafe an aromatischen Kräutern knabbern – so vielfältig sind die zehn fränkischen Naturparks, die jede Menge Freiraum für Outdoor-Aktivitäten und Naturerlebnisaktionen bieten. Naturschutz und Urlaub gehen hier Hand in Hand. Wie diese Balance gelingt, erklären die Naturpark-Ranger: Sie sind Ansprechpartner für alle Fragen rund um den Naturschutz. www.frankentourismus.de

Blick auf das Altmühltal vom Michelsberg

»Canale Grande« nennen die Bayreuther den Mühlkanal, der lange unterirdisch floss und hier vor gut 20 Jahren freigelegt wurde. Ein ebenso beliebter Treff ist der »Kulturkiosk« von Coco Sturm und seiner Partnerin Ulla (rechts)

TEXT **TINKA DIPPEL** FOTOS **GEORG KNOLL**

WENN BAYREUTH GANZ BEI SICH IST

Sechs Wochen im Jahr, während der Wagner-Festspiele, steht die Stadt im Licht der Scheinwerfer. Und wenn die ausgehen? Gedeihen viele kleine Kultur-Pflänzchen im Schatten des Wagner-Baums prächtig

Überragendes Wahrzeichen: Unter den Kirchen Bayreuths ist die Stadtkirche die größte. Auffällig ist die Brücke, die ihre beiden Türme verbindet

Nachdenklich wirkt sie, wie sie da so sitzt im blühenden Hang der Schlossterrassen, den Kopf auf die linke Hand gestützt, im rechten Arm ihren geliebten Zwergspaniel, in der Hand ein Buch. Ihr gegenüber genießen Menschen die Abendsonne am Ufer des Mühlkanals, den sie in Bayreuth etwas irreführend »Canale Grande« nennen. Was ihr wohl durch den Kopf gehen würde, wäre der nicht aus Bronze? Man darf annehmen, dass die lebendige Abendstimmung ihr gefiele, dass sie jede Menge Ideen hätte, auch für diesen Kanal und das Bayreuth von heute. Markgräfin Wilhelmine von Bayreuth liegt seit 264 Jahren in der Gruft der Schlosskirche, die über ihrer Bronze-Skulptur aufragt. Ihr sehr eigener Geist jedoch, den sie einst hierherbrachte, ist immer noch in der Stadt unterwegs.

WER SELBST ETWAS WAGT, FINDET IN BAYREUTH EIN ZIEMLICH FRUCHTBARES FELD

»Die Markgräfin hat die Steine gesetzt für das, was Bayreuth heute ist«, sagt Cornelius »Coco« Sturm, das lange Haar zum Zopf gebunden, Strohhut, weites Hemd. Mit seiner Partnerin Ulla füllt er in seinem »Kulturkiosk« gerade die Kühlschränke für einen sonnigen Juniabend. Der Kiosk steht in der Wilhelminenaue, ein gutes Stück östlich des Stadtzentrums und der Bronze-Wilhelmine. Davor liegt ein künstlich angelegter See mit Steg, auf dem geräuschvoll ein paar Enten landen. Aue und See sind am Roten Main für die Landesgartenschau 2016 entstanden, deren Kulturbeauftragter Coco Sturm war. Und als der Rummel vorüber war und in der Aue nichts mehr stattfand, hat er etwas sehr wilhelminenhaftes getan: »Ich habe es nicht eingesehen, dass hier nichts Kulturelles im Anschluss an die Landesgartenschau geplant war«, sagt er. Und so hat er seine Anwaltskanzlei dicht gemacht, den Kulturkiosk eröffnet und angefangen, hier Konzerte zu veranstalten. »Wo nichts los ist, muss man was los machen.«

Genau so ging Wilhelmine einst an die Stadt heran. Wie die Markgräfin ist Coco Sturm ein Zugezogener, Wilhelmine kam 1732 als Ehefrau Friedrichs von Brandenburg-Bayreuth aus Berlin, Coco Sturm kam 1989 als Jurastudent aus Wuppertal an die Universität Bayreuth. Er blieb, wuchs hinein in die Stadt, wurde Strafverteidiger, war Gründungsmitglied der Bayreuther A-capella-Gruppe »Six Pack« und spielte Bass in der Gothic-Band »Goethes Erben«. »Bayreuth hat wirklich viel zu bieten«, sagt er. »Aber wir sind halt nach wie vor Provinz.« Er lacht. »Weltstadt war Bayreuth immer nur auf Zeit.«

Und diese Zeit wird bald mal wieder anbrechen. Als die untergegangene Sonne ihr letztes Pastelllicht über den See leuchten lässt, sind fast alle Tische am Kiosk besetzt, und ein Volksfest verabschiedet sich in Sichtweite mit einem Feuerwerk aus der Stadt. Coco Sturm sieht die Funkenblumen in den Himmel blühen und deutet über die Aue zu einer Anhöhe, die in der Ferne sichtbar und in der Welt berühmt ist als Grüner Hügel. »Wenn du genau hinsiehst, erkennst du das Festspielhaus.«

Es ist jenes Festspielhaus, das vor bald 150 Jahren sehr viel verändert hat in dieser Stadt.

FOTO: CHRISTINA KÖRTE

Neptunbrunnen und Maibaum schmücken die zentrale Maximilianstraße. Das Neue Schloss in der Eremitage ist beliebt für Spaziergänge, das »Café Kraftraum« für einen lauen Abend in der Altstadt

AUS LIEBE ZUM BIER

Ein Mann mit Weitblick: Thomas Wenk ist Inhaber des Restaurants »Liebesbier« (links) und hat noch viele Ideen für das Gelände der Maisel-Brauerei: etwa eine Bar mit Dachterrasse in der Alten Mälzerei

In diesen Tagen wird dort täglich von früh bis spät geprobt, am 25. Juli werden die Scheinwerfer dieser Welt wieder ihr Licht auf Bayreuth werfen, dann wird der rote Teppich bereitliegen und der Vorhang geöffnet werden für die alljährlichen Wagner-Festspiele. Manche Baustellenarbeiten in der Stadt werden rund sechs Wochen lang stillstehen, die Restaurants fast immer ausgebucht, viele neue Gesichter in der Fußgängerzone unterwegs sein. Coco Sturm hat ein Bild für das, was dieses jährliche Spektakel, das schon mit den Generalproben beginnt, für Bayreuth bedeutet: »Stell dir ein großes Feld vor, auf dem ein großer, starker Baum steht, das sind die Festspiele«, sagt er. »Daneben ist aber noch viel Platz, und da wachsen auch schon viele Pflänzchen.«

Was die Außenwahrnehmung angeht, überschattet der Baum die Pflänzchen allerdings. Bayreuth ist die »Wagner-Stadt«, wer noch nie dort war, verbindet mit ihr den Komponisten Richard Wagner, der 1872 hierherkam. Auch er ein Zugezogener – der einen Ort für die Uraufführung seines »Ring«, seines Mammutwerks, seiner Opern-Tetralogie suchte und ihn in Bayreuth fand: einer überschaubaren Stadt, landschaftlich schön gelegen, in der Mitte Deutschlands. All das gilt bis heute. Die Stadt hat viel Platz, nimmt ihn sich auch, ist umgeben von Grün, hat die Fränkische Schweiz im Westen und das Fichtelgebirge im Osten vor der Tür. Eine Spielstätte gab es schon, als Wagner kam, und was für eine: das Markgräfliche Opernhaus, erbaut vom italienischen Architekten und Bühnenbildner Giuseppe Galli Bibiena unter der Regie Wilhelmines. Es ist ein bis heute komplett erhaltenes und damit sehr rares Prachtstück, ein spätbarockes Logentheater, damals mit Platz für 800 Menschen.

Zu klein, fand Wagner, zu prunkvoll auch. Aber Bayreuth mochte er, und die Stadtoberen taten einiges, um ihn auf seinem letzten Lebensabschnitt hier zu halten. Und so durfte er sein eigenes Festspielhaus bauen, im Norden der Stadt, auf dem Grünen Hügel, für fast 2000 Zuschauer. So kam es, dass die Wagners in Bayreuth Wurzeln schlugen, die Festspiele sind bis heute in Familienhand, aktuell der von Wagners Urenkelin Katharina.

Die Stadt wirbt mit ihren »W«s, allen voran Wagner und Wilhelmine, die beide viel Kultur und internationale Aufmerksamkeit hierher brachten. Wilhelmine, die mehrere Sprachen beherrschte, selbst komponierte und Theater spielte, war zunächst unglücklich im kleinen Bayreuth und schöpfte daraus eine erstaunliche stadtgestalterische Energie. Bevor ihr Opernhaus entstand, erweiterte sie die bestehende Eremitage zu einem weiten Park, ließ die in Bayreuth fast überdimensional wirkende Friedrichstraße anlegen und das Neue Schloss bauen. Ihr Lieblingsbruder, der spätere König Friedrich II. von Preußen, war gelegentlich zu Besuch und mag sich die eine oder andere Anregung für Potsdam und Sanssouci mitgenommen haben.

Wagner hat hier seinem eigenen Geist freien Lauf gelassen, schlicht und einfach sein Werk vollendet in Bayreuth, sein Festspielhaus steht erhöht, wirkt entrückt, als sei der Grüne Hügel eine Welt für sich. Die Prominenz dieses »W« kann schon erdrückend wirken bei einer

DIE STADT WIRBT MIT DEM »W«. ES STEHT FÜR WAGNER UND FÜR WILHELMINE, ABER AUCH FÜR WEISSBIER. UND FÜR WELTSTADT – DIE IST BAYREUTH JEDOCH NUR AUF ZEIT

FOTO: TINKA DIPPEL

Die Bäckerei Lang verwandelt sich gelegentlich in eine beliebte Buschenschänke. Der achteckige Turm der Schlosskirche ist von der Kanzleistraße gut zu sehen

Stadt dieser Größe. Vom 25. Juli bis zum 28. August schwenkt alle Aufmerksamkeit dorthin – wobei »alle« eigentlich schon lange nicht mehr stimmt, Sissy Thammer zumindest würde da vehement widersprechen. Die energiegeladene Frau leitet seit 36 Jahren das Festival junger Künstler. Es wurde nach dem Zweiten Weltkrieg ins Leben gerufen, findet parallel zu den Festspielen statt und bringt hunderte junge Musiktalente aus aller Welt nach Bayreuth. Auf Wagner-Karten wartet manch einer jahrelang, Thammers Festival ist wesentlich leichter zugänglich. »Wir beleben die Region, und zwar niederschwellig« sagt sie und deutet auf den Plan für diesen Sommer, der länger ist als der Tisch, an dem sie mit acht Mitarbeitern sitzt.

Und was kommt nach dem Festival- und Festspielsommer? Der Grüne Hügel mag in einen Dornröschenschlaf fallen, aber Bayreuth, so hört man es hier oft, atmet auf. Und dann geht halt das Leben weiter. Zwischen der Außen- und der Innenwahrnehmung besteht nämlich ein großer Unterschied. »Die Stadt findet ja nicht nur in den sechs Wochen statt«, sagt Sven Friedrich, Direktor des Richard Wagner Museums, das anders als der Grüne Hügel nahe am Stadtzentrum liegt. »Wagner ist in der Stadt außerhalb der Festspiele eher ein Randphänomen.« Der Hamburger Friedrich, der vor 30 Jahren hierherkam, wählt gerne solche Formulierungen, wirkt gegen die Überhöhung der Überfigur, ist Wagner-Fan, aber ein kritischer.

Vom Museum führt der Weg durch den Hofgarten hinein in das kleine, teils verwinkelte Stadtzentrum. Wer schnell geht, ist in fünf Minuten einmal durchspaziert, aber jede Eile verflüchtigt sich hier schnell und zuverlässig. Die meisten Straßen sind weitgehend autofrei, die Fassaden und Sichtachsen enorm abwechslungsreich, die Gassen bei schönem Wetter voller Tische und Stühle der Kneipen und Cafés. An ihren Eingängen stapeln sich die Flyer, überall hängen Veranstaltungshinweise. Die vielen kleinen Pflänzchen, die Ideen und lebendigen Orte, sie sind durchaus sicht- und spürbar. Zu Wilhelmines Zeit hatte Bayreuth um die 8000 Einwohner, heute sind es rund 75 000, und knapp ein Fünftel davon sind Studentinnen und Studenten. Der Uni-Campus liegt südlich des Stadtzentrums, auch er ist eine eigene Welt, aber eine, die immer mehr in die Stadt hineinwächst, sie jünger und internationaler macht und viel wilhelminischen Geist, viele neue Ideen mitbringt.

Es lohnt sich auch deshalb, mit Zeit durch die Altstadt zu laufen, weil sie eine Openair-Galerie ist. Streetart wäre vielleicht nicht das Erste, was Besucher in Bayreuth erwarten würden, aber die Außenwahrnehmung täuscht auch da. Es gibt viel zu gucken, auch über die Altstadt hinaus, etwa an der Mauer, die das weitläufige Gelände der Brauerei Maisel umgibt. Die ist komplett bunt, und das schon seit vielen Jahren, als Maisel noch vor allem bekannt war für »Maisel's Weisse«. Weizen- oder Weißbier, auch eines der »W«s, die sie hier gerne aufzählen.

»Maisel's Weisse« gibt es noch, aber auch die Craftbeer-Linie »Maisel & Friends«. Die alte Brauerei hat Zuwachs bekommen: Veranstaltungsräume, einen Shop und das

DIE VIELEN KLEINEN IDEEN SIND ÜBERALL SICHTBAR IN DER ALTSTADT, DIE DANK DER UNI UND DER VIELEN STUDIERENDEN IMMER LEBENDIGER WIRD

Das Haus Wahnfried beherbergt einen Teil des Richard Wagner Museums. Das »Freudenherz« ist Café und Laden in einem

IM GRUNDE ÜBERSCHATTET WAGNER DIE STADT GAR NICHT. ER LÄSST SIE IN SEINEM SCHATTEN GUT GEDEIHEN

Restaurant »Liebesbier« mit je rund 300 Plätzen drinnen und draußen, die im Sommer gut gebucht sind. Auch ein Café mit Rösterei gibt es nun, »Crazy Sheep« sein Name. Im Januar 2022 hat das »Urban Art Hotel« eröffnet, das von internationalen Streetart-Künstlern gestaltet wurde. Wenn es in Bayreuth einen Ort gibt, wo der Geist Wilhelmines sich breit gemacht hat in den letzten Jahren, dann hier. Das Gelände ist jetzt ein Mix aus historischen Backsteinbauten, der schwarzen Fassade des Hotels, dem loungeigen Biergarten des Restaurants und vielen Wandgemälden.

Und wer meint, jetzt könnte die Maisel-Welt mal eine Verschnaufpause gebrauchen, der sollte sich mit Thomas Wenk treffen, schmale, alterslose Gestalt, schulterlanges silbriges Haar, kindlich wache Augen. Er ist seit Jahren aktiv in der Bayreuther Gastro-Szene und treibt gemeinsam mit Jeff Maisel, Chef in vierter Generation, neue Ideen voran.

»Ich stelle mir eine Gläserne Backstube vor«, sagt er, »und eine Whisky-Brennerei wollen wir, einen ‚Liebesbier Hopfengin' haben wir schon.« Außerdem sammle er alte italienische Kaffeemaschinen, er müsse mal sehen, wo er die irgendwann ausstellen könnte, auf dem Gelände sei ja noch Platz. Die alte Mälzerei liegt noch brach, die entkernen sie gerade. Thomas Wenk steigt über alte Holzdielen bis unters Dach und klettert dann über eine Leiter in den Turm. »Hier hinein würden wir gerne eine Bar bauen, mit Zugang zur Dachterrasse.« Die Terrasse gibt es noch nicht, aber das Dach. Von dort geht der Blick über die Dächer und Kirchtürme Bayreuths, gerahmt von Grün, dahinter das Fichtelgebirge.

Wenn man hier so steht, all das sieht und hört, dann wächst der Eindruck, dass »Weltstadt auf Zeit« gar kein so schlechtes Konzept ist. Dem internationalen Ansturm kann Bayreuth sich so sicher sein wie der Tatsache, dass er sich dann auch wieder legt.

Das Bild von Coco Sturm wirkt in der Stadt ganz anders als in der Außenwahrnehmung: Der Festspiel-Baum sorgt dafür, dass Bayreuth im Sommer gut gefüllt, aber auch nicht überrannt wird. Er überschattet nicht, was sonst noch gedeiht in der Stadt, er spendet Schatten. Damit es gut gedeiht. ■

Geldermann
WAHRE SEKTKULTUR SEIT 1838
Geldermann
Geldermann
Der fliegende Holländer
Geldermann
Der Ring des Nibelungen
PRICKELNDE FESTSPIELE MIT GELDERMANN
Geldermann steht seit 1838 für deutsch-französische Handwerkskunst. Unsere erlesenen Cuvées reifen in traditioneller Flaschengärung und erhalten so ihren charaktervollen Geschmack. Für unsere langjährige Partnerschaft mit den Bayreuther Festspielen kreierte unser Chef de Cave Marc Gauchey bereits drei exklusive Sekt-Raritäten.
GELDERMANN.DE

Eine Bier-Welt für sich

Selbst in Hamburg schenken einige Kneipen **Bayreuther Hell** aus. Das Bier, das es im **Restaurant Liebesbier** vom Fass gibt, schmeckt auch sehr gut. Noch lieber mag ich das »Pale Ale« der Marke **Maisel & Friends.** Und ich habe mich gut durchprobiert im diesem Restaurant, in dem um die 100 Sorten im Angebot sind. Als Grundlage gibt es gute Burger, auch vegan, Fish & Chips und sehr viel mehr. Und das Maisel-Universum wächst und wächst – jüngst um die Möglichkeit, nach so einer Bierverkostung gleich neben dem Restaurant zu übernachten. Auch unter dem Namen »Liebesbier« hat im Januar 2022 das **Urban Art Hotel** eröffnet. Alle bald 69 Zimmer sind von internationalen Street-Art-Künstlern gestaltet, jedes individuell. In der Lobby gibt es Frühstück to go und den Kaffee der hauseigenen Rösterei »Crazy Sheep«. Ausgiebig frühstücken kann man im Restaurant. Und dann noch in die Bier-Historie eintauchen: in **Maisel's Bier-Erlebnis-Welt.** Ich lief und lief durch viele Räume mit historischen Geräten, die den Brauprozess erzählen. Die Sammlung gilt als eine der umfangreichsten der Welt. Interessant und beeindruckend! Ebenso wie das Bier- und Gin-Angebot im Shop.

Adresse für alle: Andreas-Maisel-Weg
maiselandfriends.com
liebesbier.de
bayreuther-bier.de

Bewegend und lebenswert

Bayreuth ist eine Draußen-Stadt, findet **Tinka Dippel** und rät: Kommen Sie im Sommer und leihen Sie ein Fahrrad!

Erleben

EIN SELTEN SCHÖNER PARK

Mit dem Fahrrad sind Sie von der Altstadt in 20 Minuten an der **Eremitage.** Wie kreativ, visionär, dem Leben und der Kunst zugewandt Markgräfin Wilhelmine war, wird dort spürbar. Ab 1736 erweiterte sie im Park das Alte Schloss, ließ das Neue Schloss und ein Ruinentheater anlegen, in dem ich gerne durch grüne Tunnel und Alleen spaziert bin. Tauchen Sie tiefer in die »Welt der Wilhelmine« ein, diese Frau war enorm fein- und freigeistig!

Führungen über die Tourist Info
Opernstr. 22, bayreuth-tourismus.de

DIE BAROCK-SCHATZKISTE

Wilhelmines prächtigste Hinterlassenschaft ist das 1744-1748 erbaute und von der UNESCO 2012 zum Welterbe geadelte **Markgräfliche Opernhaus.** Bespielt wird es nur an rund 30 Tagen im Jahr, etwa im Rahmen des Bayreuth Baroque Opera Festivals. Aber Führungen finden im Akkord statt. Reingehen, Anblick genießen!

Opernstr. 14, bayreuthbaroque.de

NICHT NUR FÜR WAGNERIANER

Spazieren Sie durch den **Hofgarten!** Etwa wenn Sie das einstige Wohnhaus der Wagners, **Haus Wahnfried,** besuchen. Es ist keine Wagner-Huldigungsstätte, sondern setzt sich auf vielen Ebenen mit Bayreuths Über-Figur und dem Wagner-Clan auseinander. Ich bin weder Opern- noch Wagner-Fan und fand den Besuch des jüngst um einen Neubau erweiterten Richard Wagner Museums äußerst interessant. Tipp: Die Museen für Richard Wagners Schwiegervater Franz Liszt und den Bayreuther Schriftsteller Jean Paul stehen gleich nebenan.

Richard-Wagner-Str. 48, wagnermuseum.de

AFRIKAS BILDERWELTEN

Es ist engagierten Professoren zu verdanken, dass Bayreuth seit mehr als 40 Jahren ein Hotspot für Afrikanologie ist. Und es ist dem **Iwalewahaus** zu verdanken, dass Afrika nicht nur an der Uni stattfindet, sondern in Kunstausstellungen, Lesungen, Gesprächen. Längst hat es eine eigene Sammlung und schickt Leihgaben in alle Welt. Und das Gebäude, einst Königliche Filialbank, ist selbst eine Attraktion.

Wölfelstr. 2, iwalewahaus.uni-bayreuth.de

BLÜHENDES KLEINOD

Der **Uni-Campus** liegt südlich des Zentrums und ist eine eigene sehenswerte Welt – abgesehen vom »Glashaus«, wo schon Bands wie Kettcar aufgetreten sind, vor allem wegen des **Ökologisch-Botanischen Gartens.** Dort finden im Sommer Führungen statt.

obg.uni-bayreuth.de

MUSIK ÜBERALL

Die **Bayreuther Festspiele** sind die große Spitze des Eisbergs. Aber musikalisch kann Bayreuth noch sehr viel mehr als Oper! Parallel zu den Festspielen findet das **Festival junger Künstler** statt, mit großen Talenten aus aller Welt. Die

FOTOS: CHRISTINA KÖRTE, GEORG KNOLL (2)

Von bodenständig bis herrschaftlich: das »Manns Bräu« in der Friedrichstraße und der Hofgarten mit dem Neuen Schloss

Klaviermanufaktur Steingraeber veranstaltet im Frühjahr und Sommer das **Klavierfestival.** Und rund um den Kulturkiosk feiern verschiedene Veranstalter die **Bayreuth Summertime.** Und mehr!
bayreuther-festspiele.de
youngartistsbayreuth.de
steingraeber.de
bayreuth-summertime.de
bayreuth-tourismus.de/musikfestivals

Genießen

ITALIEN-GEFÜHL

... kommt auf im **Caffè e Bar Rossi** am Marktplatz. Das hat mit der Atmosphäre zu tun und damit, dass die Secondhand-Einrichtung tatsächlich aus Italien kommt. Perfekt für einen Kaffee oder einen Aperitif.
Maximilianstr. 48, rossi-bayreuth.de

FLEISCHLOS GLÜCKLICH

Vom ausgiebigen Frühstück bis zum Abendessen: Das **Café Kraftraum** ist ein bunter Ort mit guter, (nicht nur) vegetarischer Küche. Mein Favorit: die Tomatensuppe mit Reis und Quinoa.
Sophienstr. 16, cafe-kraftraum.de

DIE TRADITION FEIERN

Die **Bäckerei Lang** hat eine mehr als 200 Jahre lange Geschichte. Und die handelt nicht nur vom Backen. Einst gab es in Bayreuth mehr als 50 Bäcker, die auch brauten. Diese Tradition haben Alexandra und Thomas Zimmer wieder aufleben lassen. Manchmal wird ihr Laden für ein paar Tage zur Buschenschänke, dann gibt es zum guten Brot das »Becknbier« nach altem Familienrezept.
Jean-Paul-Str. 7, baeckerei-lang.de

EINE BILDERBUCH-GASTSTÄTTE

Noch mehr gelebte Tradition im **Manns Bräu** von Familie Hacker, wo man draußen wie drinnen in bester Wirtshaus-Kulisse sitzt. Es gibt jede Menge fränkische Spezialitäten, ich bin Fan der sauren Bratwürste in Zwiebelsud mit Brot.
Friedrichstr. 23, mannsbraeu.de

GOURMET-KÜCHE IM GRÜNEN TAL

Ein Erlebnis! Wo schon seine Urgroßeltern eine Sattlerei betrieben, aus der sich das **Landgasthaus Gräfenthal** entwickelte, kocht der in der Welt viel herumgekommene Peter Lauterbach auf sehr hohem Niveau – in der entspannten Atmosphäre, die viele Bayreuther seit Kindertagen von Ausflügen kennen (Autofahrt von Bayreuth rund eine Viertelstunde). Ich habe dort ein grandioses Drei-Gänge-Menü mit Forelle, Kaninchen und karamellisiertem Mandeleis genossen. Reservieren!
Bindlach, Obergräfenthal 7
landhaus-graefenthal.de

EIN ORT FÜR GUTE LAUNE

Mein Favorit für den Sonnenuntergang: ein Drink am **Kulturkiosk** in der Wilhelminenaue mit Blick auf den künstlichen See, Gänse und Enten. Dazu gibt's Snacks, DJ- oder Live-Musik und die gute Laune der Betreiber Ulla und Coco.
facebook.com/seebuehnenkiosk

Hier dreht sich alles um die Geschichte und Bedeutung ganz unterschiedlicher Exponate. Mehr als 1,3 Millionen Objekte gehören zur Sammlung – hier sind es Sessel und Stühle, die bunte »Hommage à Litfaß« von Herbert Kaufmann und ein Werk des Fluxus-Künstlers Wolf Vostell

DINGE, DIE UNSERE WELT BEDEUTEN

TEXT **JONAS MORGENTHALER** FOTOS **GREGOR LENGLER**

Das **Germanische Nationalmuseum** in Nürnberg ist das größte kulturgeschichtliche Museum im deutschsprachigen Raum. Die Exponate dort haben unendlich viel zu erzählen – und das nicht nur über die Vergangenheit, sondern auch über die Welt, in der wir heute leben

DURCHBLICKE VOM MITTELALTER BIS IN DIE MODERNE

Die Architektur aus der Feder Sep Rufs ist in manchen Räumen eine Schau für sich. Zu den größten Schätzen der Sammlung zählen zwei Kaiserbilder von Albrecht Dürer, die Karl den Großen und Sigismund zeigen

Seit 2019 setzt Daniel Hess als Generaldirektor des Germanischen Nationalmuseums neue Impulse. Mit im Bild ist Ernst Ludwig Kirchners Selbstbildnis »Der Trinker« von 1914

Im vielleicht deutschesten aller Museen hat ein Schweizer das Sagen. Daniel Hess läuft mit hellblauem Sakko, rot gemustertem Einstecktuch und federndem Schritt durch die postmoderne Eingangshalle des Germanischen Nationalmuseums. Er arbeitet seit über zwanzig Jahren hier, 2019 wurde er Generaldirektor. Jetzt, um halb neun Uhr morgens, hat er Zeit für einen Rundgang. Es ist ruhig, die Räume sind für das Publikum noch geschlossen. Er schlendert vom Mittelalter bis in die Epoche der Aufklärung, macht Halt bei einigen der über 1,3 Millionen Objekte der gigantischen Sammlung, die vom Faustkeil über Werke von Albrecht Dürer oder Tilman Riemenschneider bis zum Vuvuzela-Horn in Schwarz-Rot-Gold reicht.

»Die Zuständigkeit des Germanischen Nationalmuseums betrifft den gesamten deutschen Sprachraum, also weit mehr als das Gebiet des 1871 gegründeten deutschen Nationalstaats«, sagt Daniel Hess. Der am Zürichsee geborene Generaldirektor passt also bestens hierher. Und er möchte, dass das für alle Bevölkerungsteile so ist: »In der Satzung des Museums steht noch, dass es dem gesamten deutschen Volk gewidmet ist«, sagt der Kunsthistoriker. »Das werden wir ändern, da im deutschen Sprachraum immer mehr Menschen mit Migrationshintergrund leben. Dieser kulturellen Diversität wollen wir gerecht werden. Diese Vielfalt macht Europa aus.«

Auch dem Initiator des 1852 gegründeten Germanischen Nationalmuseums ging es nicht in erster Linie um Abgrenzung. Wenige Jahre zuvor war in der Frankfurter Paulskirche eine politische Einigung der deutschen Staaten gescheitert. Mit seinem Museum wollte der fränkische Adelige Hans Freiherr von und zu Aufseß die Einheit des »Germanischen« dokumentieren, des damals deutschsprachigen Kulturraums. Sein »wohlgeordnetes Generalrepertorium über das ganze Quellenmaterial für die deutsche Geschichte, Literatur und Kunst« war vor allem eine Suche nach grenzüberschreitenden Gemeinsamkeiten.

Wer heute mit Daniel Hess durch das Museum geht, überschreitet ebenfalls Grenzen, springt durch die Epochen, macht eine Reise voller Referenzen und Querbezüge. Der Generaldirektor möchte das Haus nicht nur offener und europäischer machen, er sieht die Beschäftigung mit der Vergangenheit auch als Möglichkeit, einen Beitrag zu Themen der Gegenwart zu leisten. Auf seinem Handy zeigt er ein Gemälde von 1623, das vom Museum am Tag zuvor gekauft wurde, eine Darstellung des Paradieses als üppige Landschaft voller Pflanzen und Tiere. »Letztendlich geht es aus heutiger Perspektive um die hohe Biodiversität, die der Mensch durch den Sündenfall zerstörte«, interpretiert Hess. Vor Aktgemälden aus der Dürerzeit schlägt er den Bogen zum Tabuthema Pornosucht: Die Verführungskraft nackter Körper im

OSTENSORIEN

..sind Schaugefäße für Reliquien und andere religiös verehrte Objekte. Für manche wurden bei der Fertigung exotisch anmutende Komponenten verwendet. Bei diesem wertvollen Reliquienostensorium ist das ein Ring aus Bergkristall mit arabischer Inschrift, der im 11. Jahrhundert in Ägypten unter dem Kalifen Ali al-Zahir gefertigt wurde. Ein venezianischer Goldschmied montierte ihn im 14. Jahrhundert auf einen Fuß aus Silber mit Miniaturkapelle. So ziert islamische Kunst eine christliche Reliquie – einst in der Wiener Hofburgkapelle und heute in Nürnberg.

1 Vom Leben im 19. Jahrhundert erzählen sowohl das Vélocipède (1865/70) wie auch die bürgerlichen Porträts dahinter
2 Im Alltag von heute sind viele Ideen der 1926 von Margarete Schütte-Lihotzky entworfenen »Frankfurter Küche« präsent. Sie gilt als Urtyp aller Einbauküchen

FOTOS: VG BILD-KUNST, BONN 2022; GNM 2010

DIE WERKE GEBEN DENKANSTÖSSE UND PRÄGEN DEN ALLTAG

3 Wie werden wir verführt? Schon Lucas Cranach d. Ä. stellte sich mit Gemälden wie der »Venus mit Amor als Honigdieb« (rechts) solche Fragen, wie auch Hans Baldung Grien mit seiner ebenfalls hochformatigen Judith
4 Maximal reduziert: 1917 porträtierte William Wauer mit dieser kubistischen Büste Herwarth Walden, Förderer avantgardistischer Kunst
5 Der Behaim-Globus ist die älteste bekannte Darstellung der Welt in Kugelgestalt. Entworfen hat ihn der Kaufmann Martin Behaim, ausgestaltet wurde er um 1492

Vorbereitung für den großen Auftritt: In einer der Restaurierungswerkstätten wird eine rotwangige Marienfigur aus dem 15. Jahrhundert sanft gereinigt, die lange im Depot war und in der zukünftigen Mittelalter-Ausstellung zu sehen sein wird

EIN FRISCHER TEINT FÜR RARE SCHÄTZE AUS DEM DEPOT

Gut gefüllt: Restaurator Benjamin Rudolph zieht in einem der Depots einen Gitterrahmen heraus, an dem dicht an dicht Gemälde aus der Zeit vor 1800 befestigt sind. Die große Tafel, auf die er gerade blickt, ist über 500 Jahre alt

Spiegel der Jahrhunderte. »So merken wir, wie verstrickt wir in diese Narrative sind«, sagt er. »Wir müssen uns mit ihnen beschäftigen, damit uns bewusst wird, wie sehr sie unsere Vorstellungswelt beeinflussen. Spätestens seit dem Fall von Konstantinopel wird uns der arabische Mann auf westeuropäischen Darstellungen als schwarzbärtiger bedrohlicher Mensch gezeigt. Meine Hoffnung ist, dass wir über diese Vorurteile hinwegkommen, wenn wir sie verstehen.«

Das Museum ist für ihn ein Ort voller Dinge, die es zu verstehen und neu zu erzählen gilt. Wo kommen sie her? Warum wurden sie gemacht, warum aufbewahrt? Was sagen sie uns über die Menschen von damals? »Seit den Römern bildet der Besitz von Dingen unser Selbstverständnis«, meint der Generaldirektor. »Möglichst umfassender materieller Besitz ist ein zutiefst europäisches Phänomen.« Entsprechend umfangreich ist die Sammlung, die von den Anfängen bis zur Gegenwart reicht und keinen Unterschied zwischen Alltags- und Hochkultur macht. Kleider, Instrumente und Skulpturen gehören dazu, Reise-Klappsonnenuhren, Rüstungen, Glasmalereien, Goldschmiedearbeiten, ganze Bauernstuben, Meisterwerke von Rembrandt, Ernst Ludwig Kirchner und Hans Baldung Grien, Schmuck einer Ostgotin und ein Puppenhaus aus dem 17. Jahrhundert mit 15 Räumen und über 1000 Gegenständen. »600 000 Jahre in 60 Minuten« heißt ein Rundgang mit dem Audioguide.

Daniel Hess steht vor dem um 1492 entstandenen Behaim-Globus – der älteste erhaltene Erdglobus überhaupt. Es geht um die Entdeckung der Welt, zu der allerlei fabelhafte Wesen und Orte gehören. In Afrika etwa sollen einbeinige Menschen leben, die sich als Sonnenschutz ihren Fuß über den Kopf halten. Sogar der Weg zur Hölle ist eingezeichnet, er liegt auf Island. Afrikas Westküste hingegen ist detailliert kartografiert, Flaggen und Inschriften dokumentieren die Entdeckungsfahrten der Portugiesen und vermerken, welche Rohstoffe und Handelsgüter sie vorfanden. Indirekt stehen sie für die Kolonialisierung dieser Gebiete, sind Vorboten des interkontinentalen Sklavenhandels. Gerade auch solches belastete Erbe soll im Museum thematisiert werden. »Das halte ich für ganz wichtig, weil wir momentan die Tendenz haben, uns sprachlos machen zu lassen«, sagt Hess. »Dabei ist man durchaus in der Lage, am Abgrund der eigenen Geschichte zu stehen und den ganzen Menschen – als Schöpfer und Zerstörer – in den Blick zu nehmen.«

Als der Nürnberger Kaufmann Martin Behaim den Globus anfertigen ließ, war Kolumbus gerade auf der Suche nach einem Seeweg nach Indien. Kaum fertiggestellt, war die bekannte Welt schon wieder größer geworden. Auf dem etwa dreißig Jahre jüngeren Globus nebenan sind schon Teile von Amerika zu sehen. In den 33 Räumen des Ausstellungsbereichs, der bis zur Aufklärung geht, werden 33 solche

DER HEILTUMSSCHREIN

... gehört zum Pflichtprogramm aller Geschichtsexkursionen durch das Museum. Er wurde 1438-40 für die Hauptreliquien des Heiligen Römischen Reichs gefertigt, die in der Heilig-Geist-Kirche verwahrt wurden, seit König Sigismund sie 1424 nach Nürnberg gebracht hatte. Damit sie nicht in die Hände herannahender französischer Truppen gerieten, kamen die Reichskleinodien 1796 ins Kloster Sankt Emmeram und später nach Wien. Dort befinden sie sich noch heute – der mit Silberplatten beschlagene Schrein aus Eichenholz hingegen blieb in Nürnberg.

Sakrale Kunst im ehemaligen Kloster: Im überdachten Hof des Kleinen Kreuzgangs zeugen Holzskulpturen von Veit Stoß und anderen Meistern von Nürnbergs Blütezeit um 1500

Geschichten erzählt. Wer genau hinsieht, findet dabei immer wieder Querverbindungen über die Materialien und Gattungen hinweg, zum Beispiel bei einem glänzenden Gürteldolch, der auch in einem Gemälde vorkommt.

Gegen Ende des Rundgangs steht Daniel Hess, jetzt wieder zurück im Mittelalter, vor dem Sigismund-Sebastian-Altar von 1505. Auf den Flügeln des Triptychon sind die von Hans Burgkmair gemalten Figuren von einem Goldgrund umgeben, auf dem Mittelstück von einer Landschaft. Denn die vereinten Teile haben unterschiedliche Geschichten: Die Flügel waren ausgestellt, das Mittelstück lag lange im Depot der Bayerischen Staatsgemäldesammlung. Die Landschaft ließ ein Kurfürst im 17. Jahrhundert malen – und nur bei den Flügeln wurde sie wieder entfernt.

Als Vorschau auf die zukünftige Dauerausstellung über das Mittelalter wurde eine kleine Sonderausstellung eingerichtet. Das Museum hat eine der bedeutendsten Sammlungen des 15. Jahrhunderts, entsprechend ist der Raum voller sakraler Meisterwerke. Auch sie werden als Dinge mit doppelter Biografie gezeigt: Die eine ist die vormuseale Vergangenheit in Kirchen und Kapellen, die andere ihr Werdegang als Sammlungsobjekte. Neben einem Gemälde zeigt ein Tablet, was die kunsttechnologischen Untersuchungen ergaben: die verwendeten Bretter, die Dübel, die Astlöcher, die Übermalungen aus der Barockzeit – all die Details, mit denen sich die Teams in den Werkstätten seit Jahren beschäftigen, damit die neue Dauerausstellung 2024 wie geplant Wirklichkeit wird.

Wie die Depots befinden sich auch die Werkstätten im Museum selbst. Dessen Herzstück ist ein ehemaliges Kartäuserkloster aus dem 14. Jahrhundert, das zu einem »zweiten Neuschwanstein« (Daniel Hess) ausgestaltet wurde. Im Zweiten Weltkrieg wurden große Teile dieser historistischen Anlage zerstört. Da das Museum danach immer wieder mehr Platz brauchte, wuchs die architektonische Vielfalt. Wer heute zum Beispiel die ehemalige Kirche und einen einstigen gotischen Kreuzgang durchschreitet, wird dahinter von klaren Linien überrascht: die klassische Moderne des Architekten Sep Ruf. Die Werkstätten wiederum befinden sich in einem Erweiterungsbau aus den achtziger Jahren. Er liegt auf der anderen Seite der Kartäusergasse mit der »Straße der Menschenrechte« von Dani Karavan, wo auf 27 hohen Betonpfeilern Auszüge aus den Artikeln der Menschenrechtserklärung stehen.

Am Institut für Kunsttechnik und Konservierung forschen, untersuchen und restaurieren dort in zwölf Werkstätten 35 hoch spezialisierte Profis. In einem Raum, der Werkstätte zur Gemälde- und Skulpturenrestaurierung, macht Benjamin Rudolph gerade eine Detailaufnahme von Blüten, die nach dem Abtragen einer nachträglichen Vergoldung um die Füße einer gemalten Heiligenfigur wieder erkennbar wurden.

DER GOLDHUT

... von Ezelsdorf/Buch wurde 1953 durch Zufall zwischen Ezelsdorf und Buch beim Ausgraben von Wurzelstöcken entdeckt und zerhackt. Die Frau eines Waldarbeiters sammelte die glänzenden Stücke ein und brachte sie zu einem Zahnarzt, der feststellte, dass sie aus Gold waren. Schließlich gelangte der Fund aus der Bronzezeit ins Germanische Nationalmuseum, wo er restauriert werden konnte. Der Hut wurde aus einem einzigen, etwas mehr als 300 Gramm schweren Stück Gold geformt und ist um die 3000 Jahre alt. Vermutlich wurde er einst bei Zeremonien aufgesetzt.

So einfach geht Freiheit

Unterwegs auf Entdeckungstour gehen, dort halten, wo es am schönsten ist, und dem schlechten Wetter einfach davonfahren – Caravaning steht wie keine andere Urlaubsform für Unabhängigkeit, Individualität und Freiheit.

FREIHEIT KANN MAN MIETEN
Wer Lust bekommen hat auf Caravaning, für den empfiehlt sich die Miete eines Caravans oder Reisemobils. So funktioniert's:

Das passende Fahrzeug finden
Die Modelvielfalt bei Caravans und Reisemobilen ist groß. Wer seinen Führerschein vor 1999 gemacht, kann ohne Zusatzqualifikation größere Fahrzeuge und Anhängerkombinationen fahren. Fachhändler und Vermieter unterstützen bei der Wahl des passenden Fahrzeugs. Hilfreiche Tipps zur Fahrzeugwahl und eine Händlerübersicht gibt es auf dem Verbraucherportal **caravaning-info.de**.

Mietpreis und Ausrüstung
Abhängig von der Saison fallen für den gemieteten Caravan 50 bis 70 Euro pro Tag an. Ein Reisemobil gibt es ab 70 Euro. In der Hauptsaison sind 150 Euro ein guter Richtwert. Früh buchen lohnt sich, denn für die Urlaubszeit sind Fahrzeuge schnell ausgebucht. Camping-Grundausstattung ist im Mietpreis enthalten. Geschirr, Bettwäsche oder Kindersitze bieten die Vermieter gegen Aufpreis an.

Reiseroute planen
Viele Sehenswürdigkeiten liegen auf der Strecke zur Urlaubsregion, daher Zeit für Zwischenstopps einplanen. Online-Routenplaner und Apps helfen dabei. Viele Camping- und Stellplätze erlauben die Mitnahme eines Haustieres, also kann auch der liebste Vierbeiner mit auf große Tour. Über Verkehrsregeln & Mautgebühren im Ausland informiert der Online-Camper-Service des ADAC.

Der Residenz in Würzburg einen Besuch abstatten? Durch die historische Altstadt von Bamberg flanieren? Eine Aufführung im Opernhaus von Bayreuth genießen? Oder in einem Nürnberger Biergarten sich die weltbekannte Bratwurst gönnen? Egal wohin es geht, Caravans und Reisemobile sind die treuen Reisebegleiter von vielen jungen Urlaubern, Familien und Junggebliebenen. Und die Caravaning-Fangemeinde wächst weiter von Jahr zu Jahr – aus gutem Grund:

Bestimmen, wo es lang geht
Mit einem Freizeitfahrzeug sind Sie bei der Reiseplanung flexibel, denn die Auswahl an Übernachtungsmöglichkeiten in Deutschland ist riesig. Campingplätze bieten eine umfangreiche Infrastruktur meist mitten in der Natur. Neben sanitären Anlagen werden häufig auch Einkaufsläden sowie Sport- und Freizeitaktivitäten geboten. Außerdem finden Sie auf vielen Reiserouten Stellplätze, die für kürzere Aufenthalte geeignet sind. Sie liegen oft in der Nähe von Touristenattraktionen und sind der ideale Ausgangspunkt, um die Umgebung zu erkunden. Auch einige Bauernhöfe und Weingüter bieten solche Plätze an. So erlebt man auch abseits der Hauptrouten das eine oder andere Urlaubshighlight.

Komfortabel und unabhängig
Beim Caravaning müssen Sie auf Komfort nicht verzichten. Wer keine Lust auf ein Zelt hat, macht es sich einfach im Fahrzeug gemütlich. Bequeme Betten, smarte Bordtechnik und eine gut ausgerüstete Küche mit Kühlschrank, Herd und teils sogar Backofen gehören zur Ausstattung. So sind Sie in Verbindung mit dem eigenen Bad nicht nur komfortabel ausgerüstet, sondern auch autark in der Versorgung. Unabhängiger, komfortabler und naturnäher geht Urlaub wohl kaum.

Einsteigen und losfahren
Caravan und Reisemobile passen sich Ihren Bedürfnissen an, nicht umgekehrt. Manches Fahrzeug wirkt vielleicht von außen imposant, dank modernster Technik fährt es sich aber wie ein normaler Pkw. Die große Mehrheit der Caravans und Reisemobile können mit dem klassischen Pkw-Führerschein gefahren werden. Mit Rückfahrkamera und Rangierhilfen wird auch das Einparken zum Kinderspiel. Den Füllstand von Wasser, Batterie und Gasflasche haben Sie bequem per App im Blick.

Interessierte finden hilfreiche Tipps zur Wahl des Fahrzeugs und zur Reiseplanung unter **caravaning-info.de**

FOTOS: CIVD

Kontrastreich: Das Glasdach der Eingangshalle überragt einen Klosterhof mit ehemaligen Mönchshäusern und der 1966 entstandenen Skulptur »Columna« von Karl Hartung

Nebenan reinigt eine Erasmus-Studentin aus Frankreich einen mehr als 300 Jahre alten Schrein aus Tirol, der seit den siebziger Jahren ausgestellt war und Teil der neuen Mittelalter-Ausstellung sein wird. Mit kleinen Schwämmchen tupft sie über Wochen hartnäckige Staubschichten ab – eine zeitaufwendige Schönheitspflege für die bemalten Holzfiguren, die dadurch besser erhalten bleiben.

Mit einigen Exponaten für die zukünftige Dauerausstellung ist auch Elisabeth Taube beschäftigt. Neben ihrem Arbeitsplatz liegt eine große Madonnenfigur, hinter ihr ist ein großer Schrein aufgebahrt. »Der befand sich bislang im Depot«, sagt die Restauratorin. »Weil seine Oberfläche wahnsinnig schmutzig war und ihm der Figurenschmuck fehlt, war er, seit er vor 130 Jahren ins Museum kam, nur einmal ausgestellt.« Einzig die zwei abgewinkelten, bemalten Flügel wurden länger gezeigt. »Das Museumspublikum wunderte sich vermutlich über die Form und fragte sich, wieso die Flügel nicht wie üblich flach, sondern gewinkelt sind. Im Kontext mit dem nischenförmigen Schrein erklärt sich die Gestaltung. Deswegen haben wir uns entschieden, jetzt das ganze Ensemble zu zeigen.« Schon mehr als ein Jahr dauert diese Restaurierung, erzählt Elisabeth Taube. »Das Objekt stammt von 1450, dann ist das auch ok.« Bei den Untersuchungen hat das Team einen roten Farbverlauf auf dem Rahmen des Schreins entdeckt und freigelegt, der bestens zur gemalten Architektur auf den Flügeln passt. Auch ein Grünton gehört zu dieser gemeinsamen Farbigkeit – für den muss allerdings noch eine geeignete Methode zur Freilegung gefunden werden.

Benjamin Rudolph unterbricht die Fotoaufnahmen, er hat den Depotschlüssel. Oder besser: die Schlüssel und überhaupt das Wissen, um die Sicherheitstür zu einem der Depots fachgerecht zu öffnen. Das Raumklima ist auf die Gemälde zugeschnitten, die hier verwahrt sind. Mittelalter bis Klassizismus, etwas über 400 Werke. Rudolph zieht einen der vielen Gitterrahmen heraus, an denen die Werke dicht an dicht hängen. »Vor allem bei großformatigen Neuzugängen«, erzählt er, »sind wir in letzter Zeit gezwungen zu überlegen: Wo ist denn noch Platz?«

Verkauf ist Tabu, wenn etwas ins Museum kommt, bleibt es da. Und gesammelt wird nach wie vor. Seit Jahren wird deswegen unter dem großen Klosterhof ein Tiefdepot gebaut. Über fünf Etagen reicht es mehr als 20 Meter in die Tiefe. Erstmal soll es als Zwischendepot dienen, damit der Südflügel des Museums saniert und die darin enthaltenen, in die Jahre gekommenen Ausstellungsbereiche neu gestaltet werden können. Mehr als 60 000 Objekte müssen umziehen, darunter einer der größten Bestände historischer Tasteninstrumente. Danach aber wird im Tiefdepot viel Platz sein für das zukünftige kulturelle Erbe – zumindest der nächsten paar Jahrzehnte. ■

Germanisches Nationalmuseum
Die Sammlung zur Kulturgeschichte im deutschsprachigen Raum ist so groß, dass man sie kaum in einem Tag wirklich erfassen kann. Am besten sucht man sich ein paar Bereiche aus und nimmt sich dort Zeit, um all die Geschichten hinter den Objekten zu erfahren. Der Online-Orientierungsplan informiert darüber, welche Abteilungen gerade geöffnet sind. Einen guten Überblick bietet der Audioguide-Rundgang »600 000 Jahre in 60 Minuten«, tiefere Einblicke gewähren die zahlreichen angebotenen Führungen und der Blog auf der Website. Zu den Höhepunkten gehören die Sonderausstellungen, denen oft eine lange Forschungstätigkeit vorausgeht.
Nürnberg, Kartäusergasse 1, gnm.de

Fahrtziel natur
BUND
FRIENDS OF THE EARTH GERMANY
NABU
VCD
Mobilität für Menschen.
DB
von Fernsehen
nach fern sehen
Mit der Bahn ins Biosphärengebiet Schwäbische Alb. Kostenlos mobil vor Ort mit der AlbCard.
fahrtziel-natur.de
DB

Kirchen, Kunst und Wurst im Weggla

Für diese Tipps lief MERIAN-Redakteur **Jonas Morgenthaler** stundenlang stressfrei durch Nürnberg. Im Zentrum hat die Stadt eine erfreulich weitreichende Fußgängerzone

HINAUF ZUR KAISERBURG

Die in der Stauferzeit errichtete Burg ist das Wahrzeichen Nürnbergs. Ausstellungen informieren über das Alte Reich und die Geschichte des Baus. Auch Waffen und Rüstungen sind ausgestellt. Die beste Aussicht bietet der **Sinwellturm,** in dem Wanderfalken brüten (Webcam auf lebensraum-burg.de). Von April bis Oktober ist am Sonntag- und Montagnachmittag auch der Garten geöffnet, den **Maria Sibylla Merian** für ihre Studien nutzte – ein ruhiger Ort voller Pflanzen, die sich in den Büchern der Forscherin finden. Bestens entspannen kann man danach in oder vor der beliebten **Café-Bar Wanderer,** die viele fränkische Biere im Angebot hat.

kaiserburg-nuernberg.de

Café-BarWanderer: Beim Tiergärtnertor 2-6
cafe-wanderer.de

BEREICHERNDE MISCHUNG

Kunst und Design von den 1950er Jahren bis in die Gegenwart zeigt das **Neue Museum** des Freistaats Bayern – und dieses Spektrum ergibt eine besondere Mischung. Viel Ausstellungsraum dafür bietet ein Bau mit schwungvoller Wendeltreppe und breiter Glasfassade. Die Sammlung wird immer wieder neu und durch andere Werke präsentiert. Höhepunkt ist der Richtersaal, in dem Gemälde von Gerhard Richter gezeigt werden.

Klarissenplatz, nmn.de

KUNST IN HEILIGEN HALLEN

Nürnbergs Kirchen sind voller Kunstschätze. Im spätgotischen Hallenchor der **Sebalduskirche** etwa steht das detailreiche Sebaldusgrab aus dem 16. Jahrhundert, ein aus Messing gegossenes Meisterwerk, das von zwölf Schnecken und vier Delfinen getragen wird. Besonders viel mittelalterliche Kunst ist in der hochgotischen **Lorenzkirche** erhalten geblieben. Hier strahlt das Licht durch etliche originale Bleiglasfenster auf Altäre, Figuren und Schnitzereien. Besonders beeindruckend ist das 1493-1496 geschaffene, etwa 20 Meter hohe Sakramentshaus des Steinmetzes Adam Kraft, der sich auch selbst am Fuß des figurenreichen Turms verewigt hat.

WÜRSTE VON WELTRUHM

Kulinarischer Platzhirsch sind die berühmten **Nürnberger Bratwürste.** Die kurzen Würste aus Schweinefleisch werden traditionell über Buchenholz gegrillt. Die geschützte Herkunftsangabe gibt vor, dass sie in Nürnberg hergestellt werden müssen. Fleischherkunft und Tierhaltung sind hingegen leider bisher nicht geregelt. Als »Drei im Weggla« werden sie in einem Brötchen zum Mitnehmen verkauft, etwa im **Bratwursthäusle** (Rathausplatz 1) oder im riesigen **Bratwurst Röslein** (Rathausplatz 6). Am Trödelmarkt sind der Wurst sogar eine Gasse und ein Museum gewidmet.

bratwursthaeuslenuernberg.de
bratwurst-roeslein.de

WEIHNACHTLICHE TALER

Ebenfalls geografisch geschützt sind die **Nürnberger Lebkuchen.** Sie müssen aus der Stadt kommen, in welcher der Beruf Lebküchner schon 1395 erstmals erwähnt wurde. Verkauft werden sie das ganze Jahr, handgemacht und besonders schmackhaft sind die von **Düll** (u.a. an der Bergstr. 23) und **Dornauers.** Die Lebküchnerei hat einen Laden im skurrilen Handwerkerhof, einer urig-mittelalterlichen Szenerie, die 1971 zum 500. Geburtstag von Dürer errichtet wurde.

lebkuchen-nuernberg.com; dornauers.de

GLOBAL LOKAL

Das Restaurant **Globo** ist ideal für einen entspannten Abend in lockerer Atmosphäre: Es liegt zentral und doch abseits des Altstadtrummels. Das junge Team überzeugt mit internationaler Wohlfühlküche aus regionalen Zutaten, etwa gebratene Blutwurst mit Kräuterseitling.

Theresienplatz 1, globorestaurant.de

ZU GAST BEI DÜRERS

Schon seit 1828 dient das Fachwerkhaus, in dem Albrecht Dürer von 1509 bis zu seinem Tod 1528 gelebt und gearbeitet hat, als Gedenkstätte für den großen Künstler. Heute erfährt man im **Albrecht-Dürer-Haus** viel über dessen Leben und Werk und bekommt Originalgrafiken und historische Kopien seiner Hauptwerke zu sehen.

Albrecht-Dürer-Str. 39
museen.nuernberg.de/duererhaus

DACHPOOL IN DER STADT

Das 2021 eröffnete **Hotel Karl August** gehört zum brandneuen Augustinerhof, Ergebnis eines Bebauungsprojekts in bester Lage, das sich über Jahrzehnte

1 Säulen und Türme in Kunst und Design: Das Neue Museum vereint beide Bereiche **2** Die Café-Bar »Wanderer« am Tiergärtnertorplatz ist ein beliebter Treffpunkt **3** Gute Küche, ganz leger: der Gastraum im Restaurant »Globo« **4** Der Pool unter dem Dach ist ein Highlight im Hotel »Karl August«

hinzog – inklusive Insolvenz, Kontroversen und eines abgelehnten Entwurfs von Stararchitekt Helmut Jahn. Das realisierte Ergebnis sehen manche noch skeptisch, aber es füllt sich mit Leben – auch wegen des Hotels, das sich durch eine offene Lobby, eine Brasserie und ein Café zur Stadt öffnet. In den Zimmern trifft Sichtbeton auf dunkles Holz und halboffen gestaltete Bäder. Highlights sind der Pool unter dem Dach und das an den Tischen servierte Frühstück – beides mit Blick auf die Pegnitz.
Augustinerhof 1, karlaugust.de

SZENIG UND ENTSPANNT

Dafür dass es »GoHo« genannt wird, ist es in Gostenhof dann doch recht ruhig. Aber es macht Spaß, durch das weitläufige Szeneviertel südwestlich der Altstadt zu schlendern, mit Halt im Biergarten des **Palais Schaumburg,** in der Weinbar **achtzehn97** oder im **Laden 14,80** bei Vintage-Leuchten und LPs. Weitere Tipps findet man im kostenlosen Guide **inGoHo** (online auf in-goho.de).

Palais Schaumburg: Kernstr. 46
palaisschaumburg.de
achtzehn97: Gostenhofer Hauptstr. 73
achtzehn97.de
laden 14,80: Kernstr. 32, laden-1480.de

ARCHITEKTUR-RUNDGÄNGE

Nürnberg wurde im Zweiten Weltkrieg zu über 90 Prozent zerstört. Dem recht gelungenen Wiederaufbau ist es zu verdanken, dass die Altstadt heute wieder so atmosphärisch wirkt. So wurden historische Straßenverläufe beibehalten, und um rekonstruierte oder erhaltene Schmuckstücke wie das Nassauer Haus und das Fembo-Haus entstanden schlichte Gebäude mit angepasster Dachform und zurückhaltenden Fassaden. Rundgänge zu diesem Thema und vielen weiteren vermitteln der **Verein der Gästeführer Nürnbergs** oder Nürnberg Tourismus (Hauptmarkt 18).
nuernberg-tours.de; tourismus.nuernberg.de

TOUREN DURCH DIE UNTERWELT

Viele Nürnberger Kunstschätze blieben erhalten, weil sie tief im Fels des Burgbergs vor den Bomben der Alliierten in Sicherheit gebracht wurden. Auf Führungen des Fördervereins Nürnberger Felsengänge durch diesen **Historischen Kunstbunker** wird die Rettungsaktion ganz anschaulich. Der Verein führt auch zu mittelalterlichen Lochgefängnissen oder in einen Atomschutzbunker.
felsengaenge-nuernberg.de

48 STUNDEN IN Würzburg

Die Weinstadt machte es der Sommelière Anne-Kathrin Lengemann leicht, sich zu Hause zu fühlen. Hier verrät die Inhaberin des Restaurants »glouglou« ihre Lieblingsorte

Anne-Kathrin Lengemann, *36, stammt aus Hannoversch Münden. Nach dem Studium arbeitete sie unter anderem für das Weingut Fürstlich Castell'sches Domänenamt und für das Weingut am Stein. 2019 eröffnete sie das »glouglou«. Im ersten Lockdown, nur ein Jahr danach, verkaufte sie hausgemachte Spezialitäten und später Kochboxen.*

Eigentlich habe ich es meinem Mann zu verdanken, dass wir heute in Würzburg leben. Wir haben beide BWL in Kassel studiert. Er wollte noch seinen Master machen, und dafür hatte er sich Würzburg ausgesucht. Ich war dann diejenige, die vor elf Jahren für uns hier eine Wohnung suchte, weil er noch in den USA Station machte. Auf diese Weise lernte ich ein Viertel nach dem anderen kennen und verliebte mich sofort in die Stadt mit ihrem mittelalterlichen, aber auch mediterranen Flair. Dass Wein hier eine große Rolle spielt, hat auch seinen Teil dazu beigetragen.

2013 machte ich noch eine Ausbildung zur Sommelière in Berlin. Hier in Franken ist man sehr stolz auf seine regionale Weintradition, und das zu Recht! Aber ich möchte im **glouglou** den Menschen auch zeigen, welche tollen Weine es noch so gibt in Europa. Inzwischen haben wir viele Stammgäste, aber als unser Restaurant 2019 öffnete, war dieses Konzept anfangs für manche Alteingesessenen eine Herausforderung. Es gibt in Würzburg viele Gaststätten mit klassisch fränkischen Gerichten und auch Gourmetrestaurants, aber wenig Anspruchsvolles dazwischen. Genau das aber soll unser Restaurant mit seiner gehobenen, französisch inspirierten Bistro-Küche und Weinen aus ganz Europa sein. Aber natürlich haben wir auch immer einen fränkischen Wein offen.

Wer gern klassische regionale Gerichte wie das *Fränkische Hochzeitsessen* mit Kalbstafelspitz kennenlernen möchte, sollte unbedingt ins **Restaurant Zum Stachel** gehen, nur zwei Straßen von uns entfernt. Die kochen gern herzhaft und achten wie wir darauf, möglichst Zutaten aus der Region zu verwenden und achtsam mit Lebensmitteln umzugehen. Im Sommer kann man sehr schön im Innenhof sitzen. Ein Traum!

Als Würzburg-Besucherin würde ich aber zuallererst in Richtung Residenz spazieren. Ich bin großer Blumenfan und liebe deswegen den Hofgarten dort. Außerdem finde ich es bei einer Städtereise immer schön, wenn man zwischendurch einen ruhigen Ort findet, und genau das ist der **Hofgarten der Residenz** mit seinen Schatten spendenden Laubengängen, in Form geschnittenen Bäumen und wunderschön arrangierten Beeten. Man braucht für den Eintritt übrigens kein Ticket. Auch das **Lusamgärtchen** am Neumünster ist so ein grüner Ort. Hier findet man das Grabmal für Walther von der Vogelweide. Häufig sieht man davor Blumen liegen. Es heißt nämlich, dass dort einen Strauß abzulegen, Menschen mit Liebeskummer helfen soll. Zum Glück habe ich das noch nicht gebraucht, aber ich kenne tatsächlich ein paar, die das gemacht haben.

Auf dem Weg von der Residenz zurück in Richtung Main liegen zwei tolle Läden, um eine Pause einzulegen. Die **Eisbar Hier & Jetzt** hat erst vor Kurzem in der Blasiusgasse eröffnet. Ich mag gern Eis ohne viel Firlefanz,

FOTO: GEORG KNOLL

Die Festung auf dem Marienberg thront über der auf der anderen Seite des Mains gelegenen Altstadt mit ihren vielen Restaurants. Dazwischen liegt seit Jahrhunderten die Alte Mainbrücke

Der Brunnen der Residenz wurde 1894 zu Ehren des Prinzregenten Luitpold von Bayern gebaut

und das bekommt man hier: pur und ohne Zusatzstoffe. In der Sterngasse liegt der **Pop-up-Store des Café Vue,** der ist auch super, falls man zwischendurch einen Snack braucht. Eigentlich ist es ein Concept-Store mit hübschem Geschirr, Büchern und Feinkost. Aber es gibt auch köstliches Gebäck. Als ich vor Kurzem schwanger war, hatte ich immer große Lust auf ihre Croissants, und Joanna, die Inhaberin, hat mir öfter welche mitgebracht, wenn sie ins »glouglou« kam. Wenige Straßen weiter kann man im **Eckhaus** weitershoppen, dort gibt es sehr wertige Wohnaccessoires. Wenn ich ein Geschenk suche, gehe ich meistens dorthin. Die Inhaber haben übrigens eine schöne Ferienwohnung direkt über dem Laden. Wegen der zentralen Lage ist sie oft ausgebucht.

Genau in der Mitte dieser Orte liegt der **Wochenmarkt.** Außer am Sonntag lassen sich hier Lebensmittel von Bauernhöfen aus der Region kaufen und, falls man Hunger bekommt, eine *Geknickte*, das ist eine Bratwurst im Brötchen auf die Hand. Dienstags, mittwochs, freitags und samstags ist immer Frau Keller aus Lindach da und bietet Obst und Gemüse von ihrem Bioland-Hof an. Hier kaufe ich auch für das »glouglou« ein.

Nach diesem Programm sollte man es am zweiten Tag vielleicht etwas ruhiger angehen lassen und zum Beispiel einfach auf dem **Stein-Wein-Pfad** am Würzburger Stein spazieren. Das ist ein Weinberg nördlich der Altstadt mit einer herrlichen Aussicht. Der Weg ist gut ausgeschildert, man kann die vier Kilometer auf eigene Faust gehen. Ich empfehle aber, eine Führung mitzumachen, zu der auch ein Glas Frankenwein gehört. Treffpunkt ist das Weingut am Stein (siehe S. 92), auf der Wanderung geht es aber auch zu den Weinbergen anderer Güter hier oben. Während man an den Reben vorbeispaziert, erfährt man viel über das Winzerhandwerk und über die kulturelle Bedeutung des Weins für die Region: etwa, dass Goethe den Wein vom Würzburger Stein so sehr geschätzt hat, dass er sich seine Lieblingssorte sogar nach Weimar schicken ließ.

Eine schöne Alternative zu diesem Weg ist eine Entdeckungstour auf der anderen Mainseite mit Besuch der barocken **Wallfahrtskirche Käppele,** die im Zweiten Weltkrieg von dem Bombenangriff auf Würzburg weitgehend verschont blieb. Zuerst gilt es etwa 300 Stufen zu bewältigen, dafür erwartet einen am Ziel eine superschöne Aussicht. Hier kann man ein wenig zur Ruhe kommen, im Inneren die beeindruckenden Deckenfresken bewundern und draußen zu den Stationen des Kreuzwegs schlendern.

Als Abschluss einer solchen Tour bietet sich die **Alte Mainbrücke** an, auf der man einen fränkischen Schoppen trinken kann. Das klingt nach Touri-Programm, tatsächlich treffen sich aber auch viele Würzburger dort für ein Feierabendgetränk – vor allem wegen der schönen Atmosphäre und des Blicks auf die Festung Marienberg auf der einen und den Würzburger Stein auf der anderen Seite. Für Besucher ist es der vielleicht beste Ort, um sich von Würzburg zu verabschieden. ■

Protokoll: Silvia Tyburski

DER EXTRA-TIPP

Nicht weit vom Käppele entfernt liegt auf der westlichen Mainseite die »Confiserie Bossert«. Besonders raffiniert sind die Petits Fours, die es immer mittwochs gibt: Minitörtchen aus Buttersand-Biskuit mit Marzipan-Aprikosen-Füllung und Vanillebuttercreme, die mit Zuckerglasur oder Schokoladen-Ganache überzogen werden.

Alte Kasernstr. 7
confiserie-bossert.de

ADRESSEN

Restaurant und Vinothek glouglou
Karmelitenstr. 31
glouglou.de

Restaurant und Weinhaus Zum Stachel
Gressengasse 1
weinhaus-stachel.de

Hofgarten der Residenz
Residenzplatz 2
residenz-wuerzburg.de

Lusamgärtchen
Martinstr. 4

Eisbar Hier & Jetzt
Blasiusgasse 5
facebook.com/eisbarhierundjetzt

Café Vue Pop-up-Store
Sterngasse 4

Eckhaus
Langgasse 8
eckhaus-wuerzburg.de
eckhaus-ferienwohnung.de

Grüner Markt
Marktplatz

Stein-Wein-Pfad
wuerzburger-steinweinpfad.de

Käppele
Spittelbergweg 21
kaeppele-wuerzburg.de

FOTOS: GEORG KNOLL

1

2

1 Das Restaurant Zum Stachel punktet mit einem schattigen, weinberankten Innenhof **2 Das Käppele** ist eine Wallfahrtskirche, deren Altar mit feingliedrigen Skulpturen verziert ist **3 Im Hier & Jetzt** bekommt man bestes Eis, das ohne Zusatzstoffe hergestellt wird

3

TEXT **GEORG CADEGGIANINI** FOTOS **GEORG KNOLL**

EINFACH FLIESSEN LASSEN

MERIAN-Autor **Georg Cadeggianini** und seine Frau Viola radelten rund 200 Kilometer durch Oberfranken. Auf ihrem Weg lagen nicht nur Flüsse, Berge und Dörfer, sondern auch jede Menge Brauereien und Bierkeller. Und Erkenntnisse über das Leben und den Genuss

Überall auf dem Weg finden sich romantische Rastplätze für unsere Radfahrer – wie hier am Ufer des Flüsschens Aufseß nahe Bamberg

1 Grüner Kühlschrank In Felsenkellern wie hier bei Pretzfeld lagern Bierfässer **2 Flussfahrt** Seit mehr als 550 Jahren setzt die Gierfähre in Pettstadt Reisende über die Regnitz **3 Wegmarke** Liebliche Orte wie Frankendorf liegen abseits der Strecke **4 Weitblick** Das Walberla, Nordkuppe des 514 Meter hohen Ehrenbürg, bietet eine herrliche Sicht auf die Fränkische Schweiz **5 Wohl bekomm's!** Im »Gambrinuskeller« in Unterhaid trifft man sich »auf a Seidla«, einen Krug Bier. Oder auf zwei, drei

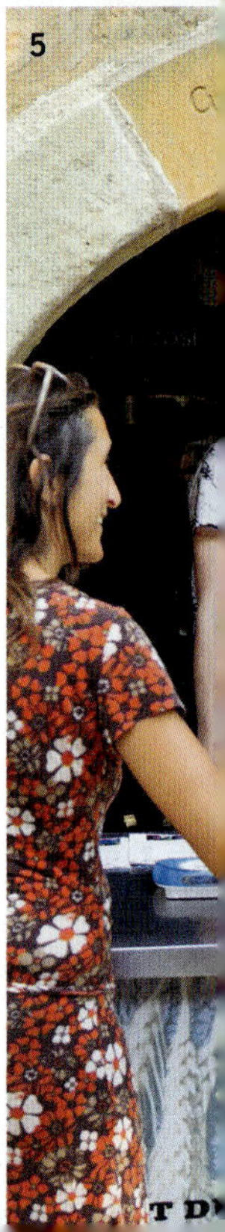

Es sind vier Buchstaben, die da kurz hinter Trabelsdorf quer auf den Asphalt gesprüht sind, dahinter eine lange, gerade Straße. Der Himmel strahlt gletscherbonbonfarben, als ob er genau wüsste, dass er sich so am schönsten gegen die reifen Getreidefelder rausputzt. »BIER« steht dort auf der Straße in gerstengelber Schrift, jeder Buchstabe so groß wie ein ganzes Fass, dazu ein Pfeil, irgendwo links ins Feld hinein. Genau richtig. Denn deswegen sind wir hier. Versteht man Land und Leute vom Bierkeller aus besser? Verändern Brauereien eine Gegend? Und warum überhaupt gibt es genau hier so viele davon?

Wir haben die »Brauereien- und Bierkellertour« in Oberfranken vor uns, 220 Kilometer, gut 2000 Höhenmeter, rund 100 Brauereien. Dreht man die Landkarte einmal nach links, malt die Wegstrecke ein großes »F« darauf. F wie Fahrrad, perfekt. Schnell genug, dass man immer wieder neue Sachen sieht, und doch gemütlich, dass man beobachten kann, woran man da so vorbeizuckelt: Burgen und Berge, Schloss Greifenstein oder die Bergkuppe das Walberla, Burg Lisberg, der Senftenberg. Genauso aber auch die bunten Farbtupfer, die vorne durchs Bild wischen: Klatschmohn, Kamille und Kornblume mit diesem betörenden Blau. Dreht man die Karte gerade, fährt man – mit viel Fantasie – eine Schaumkrone einmal rund um Bamberg. Vier Tage lang Schaumkrone mit F also – und wir zwei: meine Frau Viola, sie liebt Bier, und ich, etwas skeptisch. Sie fährt E-Bike und nimmt das Gepäck, ich schaue halt, dass ich hinterherkomme.

Vom Brauen zu erzählen, ist eine Geschichte in Temperaturkapiteln, rauf, runter, halten, rauf ... Das Thermometer ist wie ein Lesezeichen: Wo sind wir gerade? Angefangen beim Darren, wenn die Gerste bei bis zu 85 Grad vermälzt wird, dann das handwarme Einmaischen, später das Sieden der Würze mit Hopfen, wieder Herunterkühlen und Gären, je nach Hefe zwischen 5 und 20 Grad, am Ende, ganz hinten in den Lagertanks sind es nur noch 2 Grad.

Jörg ist gerade bei 78 Grad. Es riecht karamellig im »Brauhaus Binkert« in Breitengüßbach, wenige Kilometer vor Bamberg, malzig-lieblich. »Mein Lieblingsgeruch«, sagt der Brauer. Er ist fertig mit Maischen, die letzte Rast kurz vorm Abläutern. Die ganze Stärke vom Malz ist jetzt in Zucker umgewandelt – für die Hefe, »unseren wichtigsten Mitarbeiter«, wie er sie nennt. Er brennt fürs Bier: Wenn er auf dem Podest über seinem Sudkessel steht. Wenn er eimerweise Hefe in den Gärtank schüttet, in Gummistiefeln, einen Wasserschlauch in der Hand – »meinen Brauerbesen«. Wenn er bei der Verkostung direkt aus dem Zwickelhahn von der »retronasalen Geschmackswahrnehmung« schwärmt, Riechen und Schmecken in einem, Flavour halt: von Haselnuss bis Erdbeere, von schwarzem Kaffee bis Blutorange, »die feinporige Hopfenblume – ein leuchtend duftender Feldblumenstrauß!«

Wie er darauf kam hier vor zehn Jahren eine neue Brauerei aufzubauen? Wo es hier doch nur so davon wimmelt: »Wagner-Bräu« etwa ein Dorf weiter in Kemmern, »Kronabier« in Scheßlitz, »Adlerbräu« in Stellfeld? Seine Augen blitzen. Er erzählt von seinem Bier, das er, ein Ingenieur, nebenbei macht, vor allem am Wochenende. Er erzählt vom Hopfen, den er aus Spalt holt, die Flaschen aus Steinbach, Wasser, Energie, sogar die Kronkorken – alles aus der Gegend. Dann sagt er: »Breitengüßbach hatte halt keine Brauerei mehr. Und hier braucht jeder Ort seine eigene. Ist so.«

Also los, mal umschauen, einen Schaumzipfel weiter auf dem Weg. Die Tour beginnt verdächtig harmlos, hier im Westen von

3

IM BIER

ILLUSTRATION: ADOBE STOCK

IN FRANKEN GEHT MAN NICHT IN DEN BIERGARTEN. WER DURSTIG IST, GEHT AUF DEN KELLER

Bamberg, ein bisschen Oh-wie-schön-ist-Panama-Idyll: Sommerwiesen, ab und an ein Fluss, Aurach, Rauhe Ebrach, immer wieder die Regnitz, vereinzelt Bäume, die sich zu weigern scheinen, sich zum Wald zusammenzufinden. Bei der ersten Steigung hänge ich mich an die Schulter meiner Frau. Ein älterer Mann steht am Gartenzaun, ruft hinterher: »Das ist wahre Liebe.« Von Anfang an ist das eigentliche Thema präsent. Am Ortseingang, dort, wo sonst Kirchengemeinden auf ihre Gottesdienstzeiten hinweisen, ist angeschlagen, was man im Dorf braut und trinkt: »Bähr« in Schönbrunn etwa, »Herrmann« in Ampferbach, »Schwanenbräu« in Burgebrach. Zwischen den Dörfern säumen Alleen die Wege: Apfel, Birne, Zwetschge, Walnuss. Nur die Hand ausstrecken. Das Land sorgt für jeden. Gerade sind die Kirschen reif. Der heiße Wind zerrt an den schmalen Blättern, ich halte das Rad. Viola steht auf dem Sattel, mit beiden Ohren zwischen den Kirschen. »Die werden noch besser«, ruft einer, der vorbeiradelt. Merke: Ab drei auf einmal im Mund ist es nahezu unmöglich, an den Kernen vorbeizubeißen.

In Pettstadt führt der Radweg per Fähre über die Regnitz, und das seit über 550 Jahren. »Seit 1461«, heißt es auf dem Shirt des Fährmanns. Ein Erlebnis. Zum einen wegen der Gierfähre, die uns, angehängt an ein Stahlseil, ohne Motor, nur mit der Kraft der Flussströmung wunderbar langsam auf die andere Seite bringt. Vor allem aber wegen des eigenbrötlerischen Fährmanns. Im Klischee gilt der Franke als schüchtern, aber treu, ein bisschen verschlossen und gern grantig, was man auf keinen Fall mit schlechter Laune verwechseln darf. Die Sonne brennt, ein einsames Schirmchen am Geländer verschattet den Fährmannkopf. »Wie oft fährst du da so rüber am Tag«, versuche ich ein Gespräch zu beginnen. Er grummelt etwas, der Fluss gurgelt, ich verstehe nichts. Dann verschwindet der Kopf wieder unterm Schirmchen.

Wir fahren durch eine Gegend, der man schon an den Ortsnamen anmerkt, dass sie mit Bier groß geworden ist, durch Strullendorf und Unterharnsbach, Zapfendorf, Hartlanden oder Kotzendorf. Wir kreuzen Bierwanderwege mit Tagesgästen. Vom Pilger in Sandalen bis zu Jugendlichen mit Boombox ist alles dabei. Über Jahrhunderte galt Bier als das bessere Trinkwasser. »Trink ich Bier, so verderb ich, trink ich Wasser, so sterb ich«, sagte man etwa in Bamberg Ende des 18. Jahrhunderts. »Jeder Tag ohne Bier ist ein Gesundheitsrisiko«, übersetzt Brauer Jörg frei. Manche meinen sogar, das Brauen sei der Grund, warum der Mensch überhaupt sesshaft geworden ist.

In Franken Bier zu trinken, ist eine besondere Form der Sesshaftigkeit. So geht man hier nicht in einen Biergarten, sondern auf einen Keller. Klingt nach Präpositionskorinthenkackerei, ändert aber Einiges. Die in den Felsen gegrabenen Keller, ganzjährig kühlschrankkalt, sind Orte, an denen die Fässer gelagert werden. Am Eingang wird ausgeschenkt, dann geht man ein paar Schritte den Hang hinauf, setzt sich aufs Bier drauf sozusagen, auf den Keller halt. Dabei schaut man den Hang rauf oder runter. Der Nachbartisch scheint gleichzeitig näher und weiter weg zu sein. Es ist dreidimensionale Geselligkeit, die sich breitmacht, Sitzen mit Tiefe. Das nimmt einem sofort dieses flache Parkplatzgefühl der Münchner Biergärten. Die Bänke haben oft Rückenlehnen, manchmal sogar Fußrasten – etwas, was man sonst eher aus Kirchen kennt. Vor sich das »Seidla«, wie man hier sowohl den halben Liter Bier nennt als auch die Steinkrüge, aus denen fast überall getrunken wird. Sogar für mich Biermuffel eine echte Entdeckung: Kühl und frisch, ein Stück Felsen für jeden, perfekt nach einem fiesen Anstieg mit dem Rad. Wir fühlen uns auf den kleinen am wohlsten: Auf dem »Senftenberger Felsenkeller« unter bienensummenden Linden, auf dem »Schwanenkeller« unter Eichen, auf dem »Gries Keller« unter Kastanien.

Perfekter Pausenplatz nach einer anstrengenden Radtour: Auf dem Senftenberger Felsenkeller sitzt man unter Linden, genießt sein Bier und den Blick ins grüne Umland

1 Hoch die Flasche! David Hertl aus Schlüsselfeld, Herr über die »kleinste und geilste Brauerei« in Franken, hat 44 Biersorten im Angebot **2 Freizeitbäckerin** Jeden zweiten Samstag backt Landwirtin Irmgard aus Stücht in ihrer Garage 80 Brote für die Leute der Umgebung **3 Herausragend** Wild recken sich die Felsen am Ufer der Pegnitz nahe der kleinen Ortschaft Neuhaus gen Himmel **4 Frühstart** Nach einer Übernachtung im Schloss Oberaufseß geht's mit dem Rad weiter auf Biertour

Davor oder daneben gibt es manchmal auch private Keller, etwa in der historischen Kellergasse in Unterhaid oder auch oben am Senftenberg. Kellergewölbe vor dem Dorf, die aber zum Haus einzelner Bewohner dazugehören. Wie eine Schrebergartenparzelle, bloß eben unter der Erde. Nach Feierabend setzen sie sich dann auf ihre Keller, in der Hand ein Bier, frisch gezapft in ihrer Höhle, zünden ein, zwei Kerzen an, wie Glühwürmchen im Wald. Haben die ein Glück! Es hat etwas Tolkienhaftes, der abgeriebene kahle Waldboden dort, die freigelegten Wurzeln, die selbst gebauten knotigen Bänke auf den vielen verschiedenen Ebenen. Jederzeit könnte ein Hobbit aus einer dieser efeuumrankten Holztüren kommen: »Darf's ein Seidla sein?«

In Stücht treffen wir Irmgard. Sie ist eigentlich Landwirtin, hat ein paar Getreidefelder. Jeden zweiten Samstag backt sie in einer umgebauten Garage 80 Brote, sechs Pfund das Stück und ein paar »Bletschn«, flach und klein. Viel Roggen, ein bisschen Weizen, dazu Kümmel, Fenchel, Salz, das, was die Menschen hier am Ort halt mögen, und die aus der Umgebung. »Es ist einfach ein gutes Gefühl«, sagt sie, die heute seit vier Uhr in der Backstube steht und jetzt ihre Arme ausschüttelt. Sie liebt diesen Moment, wenn die Leute kommen, mit Korb oder Handtuch, 6,50 Euro, dann ihr Brot einwickeln. Sie meint es auch ein bisschen christlich. Brot teilen, Gemeinschaft und so weiter. Früher war Backen und Brauen reine Frauensache. »Heute back' ich, morgen brau' ich …«, heißt es bei Rumpelstilzchen. Kulturhefen kannte man da noch nicht. Aber man wusste, dass nach einem Backtag beim Gären einfach mehr passiert. Die Hefe lag in der Luft. Wir kommen auf unserer Tour an einigen Gemeindebacköfen vorbei, oft mitten im Ortskern, backe wer kann. Willkommen im Land der Brauer und Bäcker, der Brauerinnen und Bäckerinnen.

Es ist Tag drei. Ein paarmal wurde ich unterwegs angefrotzelt: »Und die Frau muss alles schleppen?« Wir haben die zwei F-Zacken umrundet, Höhen und Tiefen ausgelotet, mit Kellererlaubnis einfach mal unser Zelt neben der Bierbank aufgestellt und in Aufseß, das es mit der höchsten Brauereidichte der Welt ins Guinnessbuch geschafft hat, in einem echten Schloss übernachtet: Oberaufseß mit der besten und längsten Schaukel, die ich je gesehen habe. Natürlich gibt es auch Störer im Blick: Moderne Landhausvillen mit Säulenentree, fiese Fassadenfarben, die immer mal wieder rauskrachen. Aber irgendwie schauen wir gern darüber hinweg, bleiben eher an den steilen Fachwerkdächern hängen, die wie Pfeilspitzen in den Himmel zeigen. Die Menschen sind nahbar, immer bereit für einen kurzen Schwatz. Man ist ja gleich weiter. Wir sammeln jede Menge Sommerwind in den Haaren, schießen johlend und freihändig bergab, quälen uns fluchend bergauf. Ganz mies, als der Akku bei der Steigung schlapp gemacht hat. Danke an die Familie bei Siegritz, die extra aus dem Pool gestiegen ist, um uns mit Strom zu versorgen!

Auf die Frage, warum sich ausgerechnet hier so viele kleine Brauereien halten können, bekommen wir ganz verschiedene Antworten: Es sei eben einfach keine Großbrauerei da gewesen, die die kleinen hätte schlucken können. Oder: Schulz sei schuld, jene Brauereimaschinenfabrik, eine der ältesten weltweit, die bereits die Domtürme in Bamberg mit Kupferblech gedeckt hat und immer für die kleinen Brauer der Region da gewesen sei. Dann wieder: Es liege am dickköpfigen Franken, der stur das Bier aus dem eigenen Ort trinkt. Der Pro-Kopf-Verbrauch liegt hier beim Dreifachen des Bundesdurchschnitts. Und überhaupt seien Craftbiere nun mal angesagt. So musste Braumeister David Hertl, 31 Jahre alt, 44 unterschiedliche Biere im Angebot, neulich seine Etiketten ändern: Der Slogan »Die kleinste Brauerei Frankens« stimmt schon lang nicht mehr. Jetzt steht dort »die kleinste und geilste Brauerei Frankens«. Und dann gibt es eine Art ganzheitliche

DIE BIERTOUR

Drei bis vier Tage sollte man für die Radrundreise einplanen, die durch den Steigerwald, das Main- und Regnitztal sowie die Fränkische Schweiz führt. Ausführliche Informationen samt Routenplaner und GPS-Daten, die sich aufs Smartphone spielen lassen, finden sich unter:

bamberg.info
bierland-franken.de

DIE BRAUEREIEN

Brauhaus Binkert Draußen schraubt sich der Hopfen in die Höhe, drinnen herrscht Craftbieratmosphäre. Am Wochenende, wenn Chef Jörg Binkert da ist, kann man beim Maischen und Würzekochen zusehen.

Breitengüßbach, Westring 5
mainseidla.de

Brandholz-Brauerei Fein sind die naturbelassenen, unfiltrierten Bieren und der rund um die Uhr betriebene – und gekühlte – Bierautomat, wenn das Brauhaus geschlossen ist.

Litzendorf, Otterbachstr. 13
brandholz-brauerei.de

Drei Kronen Eisturm, Kühlschiff, Malzsackrutschen: Braumeisterin Isabella Mereien erklärt ihr Handwerk aus der Erfahrung von Jahrhunderten. Kein Wunder: Die Brauerei wurde erstmals 1457 erwähnt.

Memmelsdorf, Hauptstr. 19
drei-kronen.de

Braumanufaktur Hertl Vom Sudhaus bis zum Kartoffel-Bierfass-Keller – alles ist in dem umgebauten Bauernhof der Familienbrauerei zum Anfassen.

Schlüsselfeld, Thüngfeld 61
braumanufaktur-hertl.de

ILLUSTRATION: ADOBE STOCK

DAMPFSCHWADEN WABERN AUS DEM BRAUHAUS – DER SÜSSE, WARME DUFT VON MALZ

Antwort, zum Beispiel aus Melkendorf: Dort hat der Bürgermeister per Vorkaufsrecht die aufgelassene Brauerei gekauft und erst einmal leer stehen lassen. Auf dem Kirchweihfest lernt er dann vier junge Brauer kennen. Die Auflage für die sehr geringe Pacht: Ihr müsst die Gemeinde einbinden. Der Trick: Das »Brandholz«-Bier wird nicht abgeflascht. So kommen die Menschen aus dem Ort entweder mit ihren Biersiphons, Zweiliterkrügen mit Bügelverschluss, genug für den Abend daheim, oder trinken gleich vor Ort ihren Seidla. Es ist wieder was los in Melkendorf.

Ganz am Ende sind wir bei Isa. Mit 95 Grad schießt die Würze an der Braumeisterin vorbei aufs Kühlschiff, ein Bassin, so groß wie zwei Doppelbetten. Wieder riecht es nach Malzbonbon, dicker Dampf steigt auf ins Gewölbe, Rumpelstilzchenstimmung. Ihre Hände liegen auf dem Kühlschiffrand, ihr Blick auf dem Gebräu. Braun, schaumig, in Bewegung. »Den Moment nimmst du dir, egal wie stressig es gerade ist.« Isa liebt diesen Kontakt zum Bier. »Zu Tode filtern«, sagt sie, könne jeder. Ein zu geschlossenes Brausystem mache Fehlgeschmäcker. »Ich bin Fan von Natürlichem. Vielleicht ist das die Frau in mir. Wenn meine Kinder kränkeln, bekommen sie eine Tasse Vorderwürze und fertig.« Rumpelstilzchen? »Brauermedizin«, sagt Isa.

Sie hatte uns den Eisturm auf der Rückseite der Brauerei gezeigt, 107 cm dicke Backsteinwände. Noch ihr Opa hatte damit das Lager gekühlt. Den ganzen Sommer und noch einen milden Winter haben die Eisblöcke dort überstanden. Sie hat dieses Bild im Kopf: Der Opa, der wie ein Pinguin über die Straße nach Hause wackelt. Zurück von der Eisernte vom Weiher am Ort. »War er halt reingefallen.« Natürlich hat sie das nie selbst gesehen, Isa ist erst 37 Jahre alt, geboren am 30. September, Brauersilvester, dem letzten Tag im Brauerjahr. Aber ihr Vater hat es ihr oft erzählt. Isa ist die erste Brauerin in der Familie. Als ihre Tochter, die jetzt im Hof gerade mit Treberresten spielt, neulich ihren fünften Geburtstag feierte, wollte sie das unbedingt in der Brauerei tun: Anna und Elsa im Disney-Eisturm? »Nix da: stundenlanges Malzsackrutschen.«

Der Heißtrub muss sich jetzt absetzen. Dampfschwaden tauchen Details ins Ungefähre: die drei bauchigen Tonfiguren etwa in der Mauernische (oder sind es Maßkrüge?), den alten Kupfersudkessel (waren da nicht Ketten, die ihn an der Decke halten?), die zufriedene Ruhe der Chefin (doch, kein Zweifel): »Unsere Stärke ist unsere Kleinheit«, sagt Isa, selbst 1,67 Meter groß. Eigentlich heißt sie Isabella Mereien. Sie meint »Drei Kronen«, ihre Brauerei, in vierter Generation geführt, mit dem traditionellen Kühlschiff, 60 Jahre alt, das überall sonst längst ersetzt wurde, und dem gerade mal 1000 Liter kleinen Sudkessel. Was bitte ist so toll am Kleinsein? Auch eine Feuerwehr könne bei ihr ein Bier nach eigenem Geschmack bestellen. Das füllt gerade mal zweieinhalb Kästen für die 40 Mann. »Das kriegen die schnell weg.« Vor allem aber: »Nur, weil wir so klein sind, können wir das so machen, wie wir es tun. Mit Handarbeit, dicht dran.«

Ein Windstoß fegt durchs Sudhaus, trägt die Schwaden zum Tor hinaus, hinaus zu unseren Fahrrädern, hinaus nach Memmelsdorf. 9000 Einwohner, fünf Brauereien. Was verbindet die vielen Brauer hier in Franken, ihre Leidenschaft fürs Kleine, fürs Nebenbei, für die Menschen hier, die so nah am Keller wohnen? Braucht ein gutes Bier nicht einiges mehr als das Reinheitsgebot? Ausblick und Fußrasten zum Beispiel, Gesellschaft und Schaumkronenzipfel. Und Durst.

Wir müssen wiederkommen, eh klar. Wenn die Walnüsse reif sind oder die Zwetschgen. Zum Theatersommer, wenn auch die privaten Burgen und Schlösser für die Aufführungen öffnen, wenn die Buchen im Steigerwald sich gold verfärben. Oder zur Kirschblüte im Frühling, zum frischen Märzenbier. ■

ÜBERNACHTEN

Schloss Oberaufseß
Schlafen wie ein Königspaar: Das Schloss, seit 1690 in Familienbesitz, bietet zwei kleine Apartments mit Küche und Bad zur verdienten Einkehr nach einer kilometerlangen Tour mit dem Fahrrad (ab drei Nächten über Airbnb zu buchen).
Aufseß, Oberaufseß 1

DIE BIERKELLER

Senftenberger Felsenkeller
Am Waldrand gelegen, mit eigener Berghütte: Wer auf den Bänken des Senftenberger Felsenkellers Platz nimmt, genießt das Bier und auch eine fantastische Sicht ins Umland.
Buttenheim, Zum Senftenberg
senftenberger-felsenkeller.de

Schwanenkeller Vom Bierkeller südlich von Bamberg starten Wanderwege in alle Himmelsrichtungen. Bevor man von hier aufbricht, stimmt man sich, kühl beschattet unter alten Eichen, mit einem Bier aufs Tagwerk ein.
Strullendorf, Kellerberg 9

Griess Keller Die Sitzbänke gruppieren sich hübsch ums Schankhaus, der Blick schweift über den Hauptsmoorwald – und zum naturtrüben Kellerbier gibt's eine Brotzeit. Was will man mehr?
Geisfeld, Kellerweg 9
griesskeller.net

Pretzfelder Keller Natürlich trinkt man hier Bier, aber nicht nur: Auf den Keller kommt man wegen der Aussicht! Am Horizont erhebt sich nämlich das 514 Meter hohe Walberla.
Pretzfeld, Hauptstr. 10
pretzfelderkeller.de

Drei Architektur-Highlights

Seit mehr als fünf Jahrhunderten steht ein rares Baukunstwerk auf der künstlichen Insel mitten in der Regnitz: das **Alte Rathaus.** Allein schon wegen seiner figurenreich bemalten Fassade sollten Sie es sich genauer ansehen. Reingehen lohnt sich wegen der umfangreichen Porzellansammlung.
museum.bamberg.de/sammlung-ludwig

Es sind keine Palazzi, sondern Fachwerkhäuser, die am Ufer der Regnitz stehen, insofern ist **Klein-Venedig** als Name für eine alte Fischersiedlung nicht ganz passend. Aber selten schön ist das Ensemble schon – besonders vom Wasser aus. Eine Schifffahrt dauert rund 80 Minuten.
personenschiffahrt-bamberg.de

Seit mehr als 1000 Jahren steht auf dem Domberg ein **Dom,** der aktuelle immerhin seit 1237. Er ist ein sehenswertes Epochen-Patchwork und beherbergt einige Kunstwerke: etwa das einzige Papstgrab Deutschlands (Clemens II.) und die Sandsteinskulptur »Bamberger Reiter«, wie die Kirche selbst ein Wahrzeichen der Stadt.
bamberger-dom.de

Kult am Fluss, großer Genuss

Bamberg hat es **Georg Cadeggianini** angetan. So viele so unterschiedliche Schätze fand er selten auf so kleinem Raum

Erleben

1000 JAHRE STADTGESCHICHTE

Das Setting ist kühn: Zwei Fahrradhalogenlampen im wohl ältesten Raum der Weltkulturerbestadt. Die Leinwand hängt hier nicht zwischen Spieler und Publikum, das **Theater der Schatten** holt alle auf eine Seite. Man sieht dabei zu, wie Norbert Götz die Figuren aus der Finsternis schneidet. Das Ergebnis: atemberaubend. Bier und Bischöfe, Raub und Revolte – in 90 Minuten führt er durch 1000 Jahre Stadtgeschichte. Sehenswertes Ein-Mann-Kino!
Katharinenkapelle auf dem Domberg
theater-der-schatten.de

GELIEBTES KULT-BAD

Als 2009 die Stadt ein Regnitz-Badeverbot verhängte, liefen die Bamberger Sturm. In Badehosen, mit Schwimmflügeln und Sonnenhut fluteten sie die Stadtratssitzungen – und überzeugten. Jetzt wird im Kultflussbad an der **Hainbadestelle** wieder geschwommen, auf eigene Gefahr, ohne Bademeister, nur mit einem »Kümmerer«. Bamberger aller Generationen treffen sich hier zum Faulenzen, Ratschen, Treibenlassen. Der Hain, ein riesiger Stadtpark, wurde übrigens nach dem Vorbild des Englischen Gartens in München angelegt.
stadtwerke-bamberg.de/baeder

WENN LÜPERTZ MIT LICHT MALT

Markus Lüpertz, einer der bekanntesten Künstler der Gegenwart, hat die acht **Glasfenster in St. Elisabeth** farbig gestaltet. Der Zugang ist lüpertztypisch sperrig, lohnt sich aber: von innen, zwischen Rundumfarbgewitter und der intimen Atmosphäre der kleinen Kirche – genauso wie abends von außen, wenn St. Elisabeth wie eine kleine Schatzkammer durch die Fenster strahlt. Unverrückbar ist dieses Werk jetzt mit der Oberen Sandstraße verbunden.
St. Elisabeth, Obere Sandstraße
luepertz-fenster-bamberg.de

FEIERN MIT VENEDIG-KULISSE

Etwa jeder sechste Bamberger ist Studentin oder Student. Das macht die Stadt jung und bunt, manchmal knirscht es aber auch. In der Corona-Pandemie hatte sich die **Untere Brücke** zum Party-Hotspot entwickelt, die Generationen rasselten aneinander. Die Stadt reagierte, indem sie einen Großteil der Brücke mit Biertischen und Gastronomie belegte. Wem gehört die Stadt? Die Antwort kann man sich hier vor der Kulisse Klein-Venedigs selber geben.
Untere Brücke

WEITBLICK ÜBER DIE STADT

Ein gewisser Dr. Remeis verfügte, dass »dieses herrliche Fleckchen Erde« für immer jedem zugänglich bleiben soll. Heute gehört zur **Villa Remeis** ein Café, eingebunden in ein Therapiekonzept für psychisch kranke Menschen, mit Torten aus eigener Backstube und einem fulminanten Blick auf Bamberg.
St.-Getreu-Str. 13, cafe-villa-remeis.de

FOTOS: STEPHANIE FÜSSENICH, GEORG KNOLL

Welterbe seit 1993: die Altstadt von Bamberg mit ihren rund 2000 denkmalgeschützten Bauten, etwa das Alte Rathaus mit breiter Brücke

DIE FRÜCHTE BAMBERGS

Für die **Bio-Gärtnerei Niedermaier** braucht es Zeit: Einmal, um die Genüsse der Gärtnerstadt Bamberg kennenzulernen. Auf langen, von Sandsteinmauern begrenzten Hinterhofparzellen wird seit Jahrhunderten angebaut. Und dann, um sie zu probieren: echte Bamberger Wassermelone etwa (ja, gibt es wirklich!) oder den traditionellen Spitzwirsing oder ein Stück Süßholzwurzel, nahe dran an Lakritz und um 1600 so bedeutend, dass sie auf einem Stadtplan mit abgebildet war. Oder Bamberger Hörnla, die hiesige Kartoffel mit dem nussigen Aroma.

Mittelstr. 42, sebastian-niedermaier.de

Einkehren

EIN HOCH AUF DAS RAUCHBIER!

Wird das Malz über offenem Feuer getrocknet, schmeckt das Bier nach Rauch. Bis vor 400 Jahren war das bei jedem Bier so, heute ist Rauchbier die absolute Ausnahme. In Bamberg gibt es gleich zwei: das berühmte **Schlenkerla** in der urigen Wirtsstube im Zentrum. Und das Spezial, dessen Namenszug sich manche jungen Bamberger auf den Unterarm tätowieren lassen. Im **Spezial-Keller** gibt es dazu die Aussicht über ganz Bamberg.

Dominikanerstr. 6, schlenkerla.de
Sternwartstr. 8, spezial-keller.de

KLEINE KARTE GANZ GROSS

Jeden Monat eine neue Speisekarte – immer kurz, kreativ und jenseits der fränkischen Traditionsküche. Und vor allem: immer wahnsinnig lecker. **Die Küche** finden Sie nur zwei scharfe Kurven von der Partymeile entfernt.

Obere Sandstr. 27
die-kueche-bamberg.de

TRINKEND AUF REISEN GEHEN

Die Bamberger Bar-Szene ist überraschend groß und vielfältig. Herausragend gut ist **Das schwarze Schaf** nahe der Bischofsmühlbrücke. Sie bekommen dort fein austarierte hand- und hausgemachte Drinks, jeder einzelne eine Reise.

Schranne 7, dasschwarzeschafbamberg.de

WOHNZIMMER-ATMOSPHÄRE

Ob auf den als Schaukeln aufgehängten Skateboards im kleinen Hinterhof oder im gemütlichen Vintage-Gastraum: Das **Kaffeehaus Krumm & Schief** ist ein Wohnzimmer für alle. Und es bietet neben vielem anderem sehr guten Kaffee in verschiedenen Zubereitungsarten an.

Kapuzinerstr. 17, freiraum-bamberg.com

Übernachten

ZEITLOS SCHÖN UND GUT

Ein bisschen versteckt am Ende einer Passage, vorbei an einer Pralinenmanufaktur, mit Hinterhof: Das ist das perfekte Entree. Das Boutiquehotel **Le Baldinger** ist ein liebevoll saniertes Anwesen eines fürstbischöflichen Kanzlers. Das Design ist zeitlos, schlicht und schön. Ein Ort zum Sattfühlen – und Sattessen: vom Frühstück im Café »Kater Murr« über fränkische Tapas in der Vinothek »Frañko« bis zum Drink in der Cocktailbar mit Dachterrasse.

Lange Str. 22, lebaldinger.de

Weitläufiges Prunkstück: Die Fassade der Residenz Würzburg misst knapp 200 Meter, ihr Hofgarten wurde im 18. Jahrhundert im Stil des Rokoko angelegt

Welch Überfluss an Prunk und Pomp

Wo ließe sich abwechslungsreicher durch eine Welt fürstlicher Kulissen flanieren als in Franken? MERIAN-Autor **Franz Lenze** stellt die schönsten Prachtbauten der Region vor

RESIDENZ WÜRZBURG

Ab 1720 errichtet der junge, wenig bekannte Architekt Balthasar Neumann (1687–1753) für Würzburgs Fürstbischof eine neue Residenz. Seine Arbeit übertrifft alle Erwartungen. Rechts des Mainufers wächst in einigen Jahrzehnten ein prunkvolles Domizil, das sich mit den Prachtbauten in Wien oder Mailand messen kann: 168 Meter lang und mit einer Hofkirche, die sich komplett in den Schlossbau einfügt. Im Inneren locken Hunderte Säle und Räume, darunter der Kaiser- und der Gartensaal mit ihren prächtigen Stuckornamenten oder das Spiegelkabinett, in dem jeder Zentimeter von Glasplatten mit aufwendigen Hinterglasmalereien bedeckt ist. Höhepunkt ist das Treppenhaus, das der Venezianer Giovanni Battista Tiepolo mit dem größten zusammenhängenden Deckenfresko der Welt verziert hat. Ende des Zweiten Weltkriegs wurde die Residenz zerstört und später wieder detailgetreu aufgebaut. Seit 1981 gehört sie zum UNESCO-Welterbe. Führungen finden von April bis Oktober alle 20, von November bis März alle 30 Minuten statt. Im Südflügel der Residenz ist das Museum »Martin von Wagner« mit seiner Antikensammlung und Gemäldegalerie untergebracht.
residenz-wuerzburg.de

FESTUNG ROSENBERG

Wie eine echte Trutzburg thront die Festung Rosenberg hoch über dem pittoresken Städtchen Kronach in Oberfranken. Bambergs Bischöfe ließen die Festung, urkundlich erstmals 1249 erwähnt, zu einem Bollwerk ausbauen, um ihr Hochstift im Norden zu sichern. Die fünf Bastionen, die der oft belagerten, aber nie eingenommenen Burg ihr sternförmiges Aussehen geben, wurden wohl nach dem Dreißigjährigen Krieg (1618–1648) errichtet. Berühmt ist die Festung auch für ihre neuere Geschichte: Im Oktober 1806 bevölkerte Napoleon mit seinen Truppen die Anlage, um von hier aus in die Schlacht gegen die Preußen bei Jena und Auerstedt zu ziehen. Während des Ersten Weltkriegs (1914–1918) diente die Feste als Soldatengefängnis. Prominentester Häftling: Charles de Gaulle, Frankreichs späterer Staatspräsident. Heute beherbergt die Burganlage die Fränkische Galerie des Bayerischen Nationalmuseums. Ausgestellt sind Gemälde fränkischer Künstler der Spätgotik und Renaissance – und natürlich Werke von Lucas Cranach d. Ä., der in Kronach geboren wurde. Auf Führungen lassen sich die Wallgräben und unterirdischen Gänge der Festung erkunden.
kronach.de

FESTUNG MARIENBERG

Umgeben von Weinhängen und Wäldchen erhebt sich links des Mainufers die Festung Marienberg, eines von Würzburgs herausragenden Wahrzeichen. Seit Beginn des 13. Jahrhunderts hockt die Burg über der Stadt, zur Zeit des Bauernkriegs (1525) wurde Tilman Riemenschneider, einer ihrer Anführer, hier gefoltert, 1631 erstürmten die Schweden die Festung. Neben dem Museum für Kunst- und Kulturgeschichte lockt heute vor allem der Fürstengarten: Vermutlich war es bereits Fürstbischof Johann Philipp von Schönborn (1605–1673), der die hinreißenden Terrassen anlegen ließ. Später kamen die beiden Pavillons dazu, wovon einer noch immer mit seinem barocken Stuck glänzt. Von hier oben ist der Blick hinweg über den Main auf die Altstadt Würzburgs wirklich umwerfend.
wuerzburg.de

PLASSENBURG

Trutziger und erhabener kann kaum eine Burg wirken: Genau 116 Meter über Kulmbach, rund 20 Kilometer nördlich von Bayreuth gelegen, lagert auf einem Hügel die Plassenburg, 1135 erstmals erwähnt. Ihren tragischen Moment erlebt die Festung Mitte des 16. Jahrhunderts, als der Herr der Burg, Albrecht Alkibiades, den Zweiten Markgrafenkrieg entfesselt. Das Ergebnis: Franken verwüstet, Kulmbach und die Plassenburg zerstört. Wenig später wird die Plassenburg allerdings wieder aufgebaut und überstrahlt seitdem die Stadt als imposante Festung im Stil der Renaissance. Mittlerweile beherbergt die Anlage vier Museen, darunter das Armeemuseum »Friedrich der Große« und das Deutsche Zinnfigurenmuseum, das mehr als 300 000 Figuren in rund 150 Schaukästen zeigt.
plassenburg.de

SCHLOSS JOHANNISBURG

Die Lage ist zweifelsohne fantastisch: Direkt am Mainufer reckt sich, Aschaffensburgs Zentrum im Rücken, das gewaltige Quadrat von Schloss Johannisburg empor. Die Residenz mit ihren vier Türmen ist ein Paradebeispiel deutscher Spätrenaissance, das der Erzbischof von Mainz Anfang des 17. Jahrhunderts aus rosafarbenem Sandstein errichten ließ. Highlight ist der imponierende Altar der Schlosskapelle, den der berühmte Bildhauer Hans Juncker 1613 erschuf. In der Galerie, einer Zweigstelle der Bayerischen Staatsgemäldesammlung, dominieren Bilder flämischer und deutscher Landschaftsmaler. Dreimal am Tag erklingt vom 62 Meter hohen Ostturm eine Melodie, angestimmt von 48 Glocken.

plassenburg.de

SCHLOSS WEISSENSTEIN

Welch ein Glück für Fürstbischof Lothar Franz von Schönborn! Und welch ein Glück für die Nachwelt: Weil Lothar Franz den künftigen Kaiser Karl IV. unterstützte, erhielt er zum Dank 100 000 Gulden. Damit ließ er eines der prächtigsten Barockschlösser Frankens erbauen, das seit 1718 das Dörfchen Pommersfelden nahe Bamberg schmückt: einen monumentalen Bau samt Ehrenhof und Gartenlandschaft im englischen Stil. Das weit ausladende Treppenhaus schmücken üppige Fresken von Marchini und Byss, Garten-, Fest- und Spiegelsaal glänzen mit verspieltem Stuck. Wer die Werke der alten Meister Brueghel, Rubens, van Dyck und Tizian sehen möchte, sollte unbedingt eine Führung buchen.

schoenborn.de

BURG POTTENSTEIN

Ohne Heinrich Kleemann, dem Apotheker aus Nürnberg, gäbe es die Burg Pottenstein wohl kaum noch. 1878 kaufte er die Festung für 400 Taler und rettete sie so vor dem Abriss. Und setzte damit ihre über tausendjährige Geschichte fort: Errichtet wohl in der Mitte des 11. Jahrhunderts, kurze Zeit Domizil der Heiligen Elisabeth, Thüringens Landgräfin, die sich für die Armen ihrer Zeit einsetzte, erlebte die Burg den Sturm der Bauerkriege, schwedische Truppen im Dreißigjährigen Krieg und diente als Lager einer Garnison während des spanischen Erbfolgekriegs. Seit 1918 im Besitz der Familie Freiherr von Wintzingerode, lässt sich die Burg heute teilweise besichtigen. Es gibt ein kleines Museum mit Gerätschaften aus dem Dreißigjährigen Krieg und eine Waffensammlung. Sogar eine Ferienwohnung kann man buchen – übernachten wie die Burgherren.

burgpottenstein.de

ALTENBURG

Wie Rom ist Bamberg die Stadt der sieben Hügel und auf ihrem höchsten, dem Domberg, erhebt sich, als weithin sichtbares Wahrzeichen, die Altenburg mit ihrem Festungsturm. Erstmals 1109 erwähnt, später Sitz der Fürstbischöfe, kauft sie 1801 ein Bamberger Arzt, um sie vor dem Verfall zu retten. Für fünf Jahre, bis 1813, lebte sogar E.T.A. Hoffmann in der Burg: Der Schriftsteller, der sich hier für seine Opern »Aurora« und »Undine« inspirieren ließ, kritzelte wohl auch Karikaturen an seine Klausenwand. Auf Führungen kann man heute der lebhaften Geschichte der Burg nachspüren. Und wer einmal zur Aussichtsterrasse hinaufgestiegen ist, vergisst den Blick über Bamberg nie wieder.

bamberg.info

Märchenhaft

Eine Orangerie, Brunnen und Wasserspiele, dazu Skulpturen vom Rokoko-Bildhauer Stefan Tietz: Der 21 Hektar große, quadratisch angelegte Park ist der gebührende Rahmen für die Residenz, die malerisch in seiner Mitte throhnt – Schloss Seehof, der einstige Sommerhof der Bamberger Fürstbischöfe. Alte Pracht mit einem Hauch von Disney-Romantik.

schloesser.bayern.de

Flatterhaft

Südlich von Bayreuth, 60 Meter über dem Ailsbachtal, erhebt sich stolz die Burg Rabenstein. Ein fantastisches Ausflugziel mit 22 Hotelzimmern in historischem Ambiente, Restaurant und einem Eulen- und Greifvogelpark. In der hauseigenen Falknerei lassen sich die Raubvögel beim Schaufliegen und Jagen beobachten.

burg-rabenstein.de

Sagenhaft

Im 19. Jahrhundert kaufte ein Kunsthändler die verwunschene Festung und baute ihre alten Türme wieder auf. Heute beherbergt die Burg Abenberg nahe Nürnberg ein Hotel, ein Lokal und zwei Museen – und liefert einen tiefen Einblick in Frankens Geschichte.

hotel-burg-abenberg.com

1 Eleganter Aufstieg: das prunkvolle Treppenhaus im Schloss Weißenstein **2** Überragender Schauplatz seit über 1000 Jahren: die Burg Pottenstein **3** Wahrzeichen der Spätrenaissance: Schloss Johannisburg **4** Einst Gefängnis, heute Museum: die Festung Rosenberg

1

2

4

3

Ortskundig: Manche Pilze und Pflanzen für das Menü im Restaurant »etz« sammelt Felix Schneider selbst im Wald

FOTO: VIVI D'ANGELO

GANZ IM HIER UND ETZ

TEXT **JONAS MORGENTHALER**

Felix Schneider kocht mit seinem Team im Restaurant »etz« fränkisch auf höchstem Niveau. Ihr Ansatz ist radikal regional: Aus dem, was die Umgebung hergibt, holen sie alles heraus

Es ist abends um halb acht, und alle freuen sich auf die Brotzeit. Das ist in Tausenden fränkischen Wohnungen und Gaststätten alltäglich, hier aber außergewöhnlich. Immerhin befinden sich die rund 20 Gäste im Gourmetrestaurant »etz«, ausgezeichnet mit zwei Michelin-Sternen, gegründet von Felix Schneider, Koch des Jahres 2020 im Magazin *Der Feinschmecker*. Das Küchenteam des 2021 in Nürnberg eröffneten Restaurants beschäftigt sich nun mal auf allen Ebenen mit der Region, was sich ebenso auf Produkte wie auf die fränkische Esskultur bezieht.

Also Brotzeit mit Bier. Natürlich ist es nicht irgendeine, es ist *die* Brotzeit, eine Referenz für alle kommenden Brotzeiten. Schon während der ersten Vorspeisen konnte man Patissier und Koch Stefan Frank bei seiner Arbeit am perfekten Weizenbrot beobachten. 48 Stunden geht der Sauerteig für die knusprigen Laibe, die er aus dem Ofen holt. Dazu kommen eine aromatische Butter, eingelegtes Gemüse und Charcuterie vom Wollschwein auf den Tisch, luftgetrockneter Coppa zum Beispiel, der Backenschinken Guanciale oder mit dem Koji-Würzmittel *Shio koji* sowie Heu aromatisierter Lardo – weißer Speck, dessen volles Aroma an Foie gras erinnert.

Von der Butter bis zum Schinken ist alles selbst gemacht. Gerade hängen wieder zwei ganze Schweine im Kühlraum, nach und nach wird hier möglichst alles von ihnen verwertet werden. Die Tiere haben ihr ganzes Leben draußen verbracht, mit der Züchterfamilie Stahl arbeitet Felix Schneider wie mit vielen anderen Produzenten seit Jahren zusammen. Schon im 2015 eröffneten Vorgänger-Restaurant »Sosein« hat er sich von konventionellen, meist wenig nachhaltigen Lebensmittel-Lieferketten verabschiedet, um sich konsequent auf die Region zu fokussieren. Eine radikale Entscheidung war das. Über die Jahre wurde gesammelt, geräuchert, getrocknet, fermentiert und recherchiert, wurden Wachstumsperioden und Gärprozesse beobachtet, Misos, Essige, Auszüge, Rübenzucker und Fischsaucen hergestellt, Gemüse und Kräuter angebaut. So sind die Gerichte immer noch etwas feiner und ausgeklügelter, gleichzeitig aber auch zugänglicher geworden. Felix Schneider ist ein kulinarischer Forscher, er möchte die Zusammenhänge verstehen, egal ob die Symbiose zwischen Bäumen und Pilzen oder die chemischen Prozesse beim Reifen.

1 Im Mittelpunkt: Herzstück des »etz« ist die offene Küche mit dem glänzenden Messing-Pass, an dem die Gerichte angerichtet werden
2 Japan trifft Franken: rohe, gereifte Seeforelle mit regionalem Ingwer, Rettich, Goldlein und selbst gemachter Sojasauce
3 Handwerk in Perfektion: Stefan Frank backt frische Laibe für die Brotzeit

3

Seit sieben Jahren kocht er zusammen mit Stefan Frank und Thomas Prosiegel. Durch das Wissen und die Erfahrung der drei »Sosein«-Gefährten startete das »etz« gleich auf hohem Niveau, zuerst mit einem Pop-up im Zentrum Nürnbergs. Wie ein Catering-Unternehmen mussten sie ständig zwischen der Produktionsküche und dem Gastraum hin- und herfahren. Inzwischen ist das »etz« angekommen, alles ist in einer ehemaligen Metallfabrik im Stadtteil Johannis untergebracht, von den Fässern mit Wirsing-Miso und Störgarum über den Reiferaum für die Schinken bis zum Gastraum mit offener Küche.

Dort können sich die Gäste nach dem Abendbrot auf viele weitere Gänge freuen. Gut vier Stunden lang genießen sie eine fränkische und enorm innovative Produktküche, eine Momentaufnahme der Natur in 12 bis 16 Gerichten – »etz« bedeutet »jetzt« auf Fränkisch. »Blüte« heißt das Menü im späten Frühling noch. »Es geht ums Aufblühen, um den Aufbruch in der Natur«, erklärt Felix Schneider und reicht ein Blatt Spinat mit geräuchertem Kräuterschmand, Rhabarber und Leinsaat. Die Gerichte erzählen Geschichten. Eines zeigt die aromatische Vielfalt des Rettichs, ein anderes nimmt als köstliches Dreierlei vom Spargel namens »Triptychon Asparagus« den fast religiösen Kult um den fränkischen Spargel auf die Schippe. Ein weiterer Gang ist dem Schwefelporling gewidmet. *Chicken of the woods* wird der Baumpilz auf Englisch auch genannt, weil sein Geschmack an Hühnerfleisch erinnert. Im »etz« wird daraus eine Hühnerbrühe ohne Huhn, mit Schwefelporling, einem aromatischen Wurzelgemüse-Tee und – für die typischen Fettaugen – einem Öl mit verbranntem Lauch.

Sogar ein Teller mit Sashimi und Nigiri wird serviert, natürlich nicht von bedrohten Thunfischarten, sondern vom regionalen Saibling. Die Scheiben aus unterschiedlichen Teilen des Filets haben ein äußerst delikates Aroma. Das liege an einer japanischen Schlachtmethode, *Ike Jime*, erklärt Koch Stefan Frank. Sie beginnt mit einem direkten Stich ins Gehirn, damit die Fische sofort nichts mehr spüren. Eine stressarme Methode, die für hohe Qualität sorge und es ermögliche, die Fische etwas reifen zu lassen. In den Anfängen des »Soseins« hat sich der Fischhändler bei Erlangen, mit dem sie zusammenarbeiten, sehr gewundert über die Typen, die ihre Fische immer selber schlachten wollten. »Er hat uns machen lassen«, erinnert sich Stefan Frank. »Aber er fand das nicht wirklich cool.« Mit einigen Kostproben konnten die Köche ihn aber überzeugen, die Qualität sprach für sich: »Inzwischen macht er das auch.«

Manche Gäste sind in Gespräche vertieft, andere wenden sich immer wieder der Choreografie des Kochens zu, die vor ihren Augen abläuft. Das gemeinsame Arbeiten an möglichst perfekten Gängen, unzählige abgestimmte Handgriffe, bis es das Küchenteam wie magnetisch zum glänzenden Messing-Pass zieht und im Publikum die Vorfreude steigt: Es wird wieder angerichtet!

Das »etz« ist ein kulinarisches Erlebnis weit weg von gestärkten Tischdecken und klimperndem Silberbesteck. Die Atmosphäre ist locker, die Playlist passt dazu, und zumindest an diesem Abend schauen die Gäste einem äußerst gut gelaunten Team zu, das mit ebenso viel Freude wie Konzentration bei der Sache ist. Felix Schneider bemüht sich um gute Arbeitsbedingungen und holt Menschen in sein Team, die ihn auf seinem Weg über Jahre begleiten. Seine Begeisterung für das, was er tut, scheint auf alle überzuspringen, sie erfüllt den ganzen Raum.

So vergeht die Zeit im Nu – vier Stunden ganz im *etz*.

GENUSSZIELE IN FRANKEN

etz
Das Menü wird von Donnerstag bis Samstag zubereitet und muss im Voraus gebucht werden.
Nürnberg, Wiesentalstr. 40
etzrestaurant.de

Alexander Herrmann by Tobias Bätz
Das Gourmetrestaurant gehört zum Hotel des TV-Kochs Alexander Herrmann und liegt in der Fränkischen Schweiz. Küchenchef ist Tobias Bätz – und der macht bei der Qualität keine Kompromisse.
Wirsberg, Marktplatz 11
herrmanns-posthotel.de

Kuno 1408
Die Geschichte des Hotels »Rebstock« in Würzburg reicht mehr als 600 Jahre zurück. Die französisch-regionale Küche im hauseigenen Gourmetlokal ist aber ganz auf der Höhe der Zeit.
Würzburg, Neubaustr. 7
restaurant-kuno.de

Philipp
Ein Klassiker im Weingebiet am Main: Heike und Michael Philipp bieten in einem eleganten Fachwerkhaus feine Weine, französisch geprägte Küche und einige hübsche Zimmer.
Sommerhausen, Hauptstr. 12
restaurant-philipp.de

FOTOS: CRIS CIVITILLO (3)

Grünes Idyll: Die Wallfahrtskirche Maria im Weingarten bei Volkach sitzt tatsächlich mitten in den Reben. Im Innern hängt alarmgesichert die Rosenkranz-Madonna von Tilman Riemenschneider – 1962 war sie Beute eines spektakulären Kunstraubs

Im Reich des ewigen Bocksbeutels

Von der urigen Heckenwirtschaft bis zum schicken Top-Weingut: Das Fränkische Weinland ist ein Genussziel mit langer Geschichte und vielen Facetten

Where wine meets beer wäre ein ganz passabler Slogan für Bamberg. Die Braukultur mag die Stadt stärker prägen, doch die ersten Reben stehen nur wenige Hundert Meter vom Rathaus entfernt am Michaelsberg. Weiter flussabwärts zieht sich das **Weinbaugebiet Franken** vor allem entlang des Mains bis nach Aschaffenburg – ein Reiseziel mit atmosphärischen Orten, vielen Rad- und Wanderwegen und Würzburg als Mittelpunkt. Mit guter Vorbereitung lässt sich das Maintal auch bestens mit dem Kanu erkunden, der Abschnitt durch das Weingebiet ist Teil einer ausgeschilderten Bootswanderstrecke (Infos auf mainwasserwandern.de). **Markenzeichen des Frankenweins ist der dickbauchige Bocksbeutel,** dessen Design wegen des etwas angestaubten Images vor wenigen Jahren aufgefrischt wurde: Seit Ende 2015 können Weine auch in den vom Hamburger Designer Peter Schmidt gestalteten Bocksbeutel PS abgefüllt werden, der weniger bauchig ist und kleine Kanten hat. Auf den gut 6100 Hektar Rebland stehen größtenteils weiße Rebsorten, vor allem der Franken-Klassiker Silvaner, daneben Müller-Thurgau und Bacchus. Wer mehr über die mehr als 1200 Jahre zurückreichende Weinkultur erfahren möchte, sollte eine Tour »Weinerlebnis Franken« mit einem der Gästeführer machen – oder nach »Terroir f«-Punkten Ausschau halten, nach besonderen Orten, die jeweils einem Aspekt des hiesigen Weinbaus gewidmet sind.

gaestefuehrer-weinerlebnis.de
franken-weinland.de/erlebnis/terroir-f

DURCH DIE REBEN WANDERN

Viele Wanderwege gewähren in Franken Einblick in den Winzeralltag. Immer eine gute Wahl sind die mehr als 30 ausgeschilderten **Wege zum Wein**, meist wenige Kilometer lange Rundwege, die von den Orten in die Weinberge führen. Schöne Panoramablicke bietet bei Zeil am Main der **Abt-Degen-Steig,** der sich durch viele Varianten von fünf bis auf 25 Kilometer ausdehnen lässt. Dass in Franken auch Rotwein gedeiht, beweist der **Fränkische Rotwein Wanderweg,** der über 79 Kilometer mainaufwärts in sechs Etappen von Großwallstadt über die »Rotweinstadt« Klingenberg bis nach Bürgstadt durch Churfranken führt.

franken-weinland.de/erlebnis/weinwanderwege
fraenkisches-weinland.de/wandern

BESUCH BEI DEN BESTEN

Die Mainschleife bei Volkach ist nicht nur eine der schönsten Weinlandschaften in Franken, hier befindet sich mit dem Eschendorfer Lump auch eine der besten Lagen – und direkt darunter mit dem **Weingut Horst Sauer** eines der deutschen Top-Weingüter. Wer bei den Besten einkaufen möchte, ist bei Sandra Sauer und ihrem Vater Horst jedenfalls goldrichtig. Gleiches gilt für das **Weingut Rudolf Fürst** in Bürgstadt am Main, das weithin bekannt ist für seine eleganten, vom Terroir geprägten Burgunder. Ebenfalls zu den Spitzenreitern gehört das **Weingut Weltner** in Rödelsee – Paul Weltner ist eine Referenz in Deutschland, wenn es um Silvaner geht.

Horst Sauer: Volkach-Escherndorf Bocksbeutelstr. 14, weingut-horst-sauer.de
Rudolf Fürst: Bürgstadt am Main, Hohenlindenweg 46, weingut-rudolf-fuerst.de
Paul Weltner: Rödelsee, Wiesenbronner Str. 17, weltnerwein.de

EINCHECKEN IM WEINGUT

Einige fränkische Weingüter betreiben richtige Wohlfühlorte zum Verweilen. Manchmal reicht ein einziger solcher Fixpunkt für eine gelungene Reise – etwa das Hotel **Zur Schwane** mitten im bezaubernden historischen Zentrum von Volkach. Bis 1404 reicht die Geschichte des Hauses zurück. Manche Zimmer sind klassisch mit Kassettendecke und Teppich eingerichtet, andere wirken frisch und modern. Gerne sitzen die

WÜRZBURGER TRADITIONS-TRIO

Der Würzburger Stein ist eine der berühmtesten Weinlagen der Region. So geschichtsträchtig wie die Lage sind auch die drei Weingüter, die den Großteil des Steins besitzen: Juliusspital, Bürgerspital und Staatlicher Hofkeller. Im Bürgerspital blieb sogar noch eine Flasche 1540er Steinwein erhalten. Viel Weintradition also, der man nachschmecken kann!

buergerspital.de/weingut; juliusspital-weingut.de; hofkeller.de

Gäste bei einem Wein vom Weingut des Gastgeberpaars Ralph Düker und Eva Pfaff-Düker in der urigen Gaststube der »Schwane 1404« oder gönnen sich einen Abend im Sternerestaurant »Weinstock«, wo die junge Spitzenköchin Cornelia Fischer für großen Genuss sorgt. Eine gute Wahl ist auch das **Weingut & Hotel Meintzinger** in Frickenhausen bei Ochsenfurt. Das Gebäudeensemble, das den Würzburger Fürstbischöfen lange als Sommerresidenz diente, haben Michaela und Jochen Meintzinger modernisiert und zeitgemäß umgestaltet. Die Einrichtung ist verspielt und hochwertig, das Ambiente entspannt, außer am Sonntag gibt's abends für die Gäste eine zünftige Brotzeit. In Hammelburg an der Saale, Frankens nördlichster und vielleicht ältester Weinstadt – der Anbau wurde hier schon 777 urkundlich erwähnt – sorgt Familie Müller mit **Müller! Das Weingut und Weinhotel** direkt am Marktplatz für frischen Wind. In der Gastwirtschaft kommt zum Bio-Wein bestes *comfort food* aus regionalen Zutaten auf den Tisch, danach geht es in eins der elf angenehmen Zimmer, um morgens fit zu sein für einen Ausflug mit den ausleihbaren E-Bikes – wunderbar!

Zur Schwane: Volkach, Hauptstr. 12
schwane.de
Hotel Meintzinger: Frickenhausen
Babenbergplatz 4, weingut-meintzinger.de
Weinhotel Müller: Hammelburg, Marktplatz 12, weingut-weinhotel-mueller.de

SCHÄUMENDER ERFOLG

Ihr Sekthaus in Bürgstadt haben Laura Burkhardt und Sebastian Schür 2012 gegründet. Doch wer wie sie auf Qualität setzt und den Wein aus den drei klassischen Rebsorten der Champagne – Pinot Noir, Pinot Meunier (Schwarzriesling) und Chardonnay – jahrelang reifen lässt, braucht erstmal Geduld. Als die ersten Flaschen sechs Jahre später auf den Markt kamen, geriet die Fachwelt gleich ins Schwärmen. Das **Sekthaus Burkhardt Schür** sollten sich also alle merken, die Schaumwein schätzen – der Erfolg hat seitdem nicht nachgelassen.

Bürgstadt, Raiffeisenring 1
burkhardtschuer.de

DESIGN ZWISCHEN FACHWERK

Im urigen fränkischen Weinidyll lassen sich durchaus auch zeitgenössische Akzente finden. Im Dorf Sulzfeld am Main etwa, bekannt für die Meterbratwurst, die hier seit den fünfziger Jahren serviert wird, führen Hugo und Susanne Brennfleck das **Weingut Brennfleck** in 13. Generation. Neben dem historischen Gutshof ließen sie ein hochmodernes Kelterhaus bauen, ein schlichter, kubischer Bau, der geschickt in die Umgebung integriert wurde. Im pittoresken Iphofen mit seiner gut erhaltenen Wehranlage wiederum überrascht der geradlinige Erweiterungsbau des **Knauf-Museums,** in dem historische Gipsabgüsse von Kunst aus diversen Erdteilen und Jahrtausenden zu sehen sind. Alt und Neu hat das gleiche Architekturbüro auch bei der **Vinothek Iphofen** verbunden, wo Gäste die Erzeugnisse von 18 Weingütern aus Iphofen kosten können – etwa aus der berühmten Steillage Julius-Echter-Berg und von den Top-Weingütern Hans Wirsching und Johann Ruck. Auch das Bistro ist empfehlenswert.

Weingut Brennfleck: Sulzfeld, Papiusgasse 7
weingut-brennfleck.de
Knauf-Museum: Iphofen, Am Marktplatz
knauf-museum.de
Vinothek Iphofen: Iphofen: Kirchplatz 7
vinothekiphofen.de

Anne-Kathrin Lengemann *von der Weinbar »glouglou« zeigte uns ihr Würzburg* *(siehe S. 66)* *und verriet uns dazu einige ihrer Lieblings-Weingüter in Franken*

Weingut am Stein

Allein der Aussicht wegen muss man hier einmal hin, wenn man Würzburg besucht. Familie Knoll ist innovativ und lässt ihren ökologisch angebauten Wein zum Beispiel auch in eiförmigen Behältern aus Beton reifen. Mit Restaurant und Gästehaus.

Würzburg, Mittlerer Steinbergweg 5
weingut-am-stein.de

Weingut Franziska Schömig

Franziska führt das kleine Weingut von ihrem Vater mit viel Liebe weiter und macht auch aus eher verpönten Sorten wie Müller-Thurgau und Domina exzellente Weine. Vor dem Besuch Termin vereinbaren!

Rimpar, Versbacher Str. 13
weingut-franziska-schoemig.de

Weingut Schenk

Thomas Schenk ist ein sympathischer Typ, der sich auf fränkische Sorten wie Silvaner konzentriert und naturnah arbeitet. Das Gut liegt in einem wunderbaren Weindorf und bietet zweimal im Jahr eine Heckenwirtschaft.

Randersacker, Ochsenfurter Str. 21
weingut-schenk.de

1 Schöner verkosten: Holz-Glas-Kubus auf dem Weingut am Stein **2** Tradition im Angebot: die Bürgerspital-Vinothek in Würzburg **3** Garantin für gute Weine: Susanne Brennfleck vom Weingut Brennfleck **4** Zum Verweilen: Das Weingut Meintzinger betreibt auch ein Hotel

1

Unser Angebot
3er Paket „Kellertour“
32,70 €
2

3

Hotel
Weingut Meintzinger
4

Das Schwabacher Rathaus stammt zwar aus dem 16. Jahrhundert, aber erst seit 2001 haben zwei seiner Türme eine goldene Glasur. 2000 Dachziegel wurden von Bürgern gesponsert, die dann mit feinen Goldblättern (rechts) belegt wurden

DER SCHÖNSTE SCHEIN

Hauchdünnes Blattgold aus Schwabach bringt die Paläste von Königen und die größten Heiligtümer der Welt zum Glänzen. Aber ein bisschen von dem Schatz behält die kleine Stadt zum Glück für sich

TEXT **KALLE HARBERG** FOTOS **GREGOR LENGLER**

1

1 Mit dem Gießen eines Barrens beginnt die Herstellung des Blattgolds – mehr als 30 Legierungen können sie bei der Goldschlägerei Eytzinger mischen **2** Zum Anknabbern! Die neuen essbaren Flocken aus Deutschlands ältester Goldschlägerei **3** Der Klassiker aber sind die quadratischen Blätter zum Vergolden, die per Hand beschnitten werden

3

2

4 Hier schaut der Chef noch selbst auf die Ware: So leicht ist sein Blattgold, dass Christian Scheuring es mit seinem Atem anheben kann **5** Der 1508 vollendete Schwabacher Altar in der Stadtkirche stammt von Michael Wolgemut, dem Lehrer Albrecht Dürers – und ist selbstverständlich auch mit heimischem Blattgold verziert

4

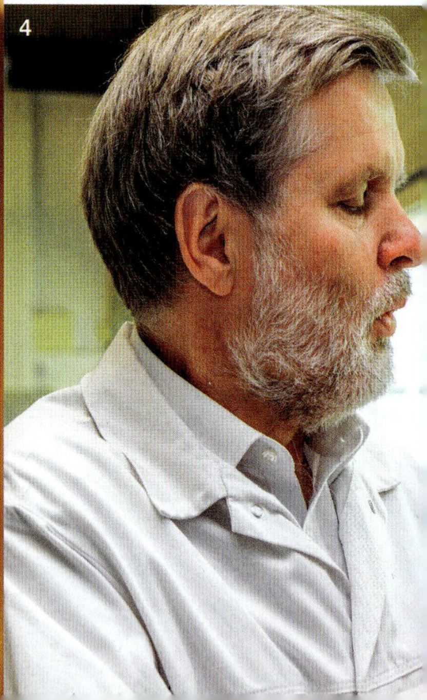

Christian Scheuring betreibt ungerne Anlageberatung. Wer den Geschäftsführer der Eytzinger Blattgoldschlägerei fragt, ob man sein Geld in Gold investieren solle, bekommt als Antwort zu hören: »Da brauchen Sie mich nicht zu fragen – ich habe so viel, ich muss es verkaufen!«

Kleiner Scherz mit einem Funken Wahrheit. Denn Gold als Investition zu betrachten, es über Jahrhunderte in Tresoren, Schließfächern und unterirdischen Schatzkammern liegen zu lassen, das sei nun wirklich »ein Trauerspiel«, findet Scheuring. Gold, das ist für ihn ein Stoff für die Seele, der gezeigt werden muss, weil er die Sinne seiner Betrachter schärfen und gleichzeitig den Geist entspannen kann. »Es ist mehr als nur Bling-Bling«, sagt er. »Für viele Menschen ist Gold ein unheimlich beruhigendes Material.«

Scheuring, 61 Jahre alt, streift sich einen Laborkittel und ein Haarnetz über, dann führt er hinein in die Produktionsräume von Eytzinger, gegründet 1867, Deutschlands ältester Goldschlägerei und eine von nur noch zwei aktiven, die ihre Sitze beide ausgerechnet im fränkischen Schwabach haben. »Wir sind im Zentrum einer Goldbäckerei gelandet«, verkündet Scheuring und stellt sich neben einen Ofen, der im Mittelpunkt steht wie in einer Bäckerei. Mit einer Zange holt eine Mitarbeiterin gerade ein giftig orange glühendes Tongefäß aus dem 1200 Grad heißen Ofen und gießt die zähe Flüssigkeit darin in die Form eines Barrens. Gold!

Das wird bei Eytzinger in Schwabach nun zu feinem Blattgold verarbeitet. Die Schritte dahin mögen über die Jahre automatisiert worden sein, im Prinzip jedoch sind sie über Jahrhunderte dieselben geblieben: Nach der Schmelze wird aus dem Barren durch Walzen ein meterlanges Goldband, das dann bei Eytzinger abwechselnd von computergesteuerten Federhämmern platt gepresst und anschließend geschnitten wird, bis ein hauchdünnes Quadrat entsteht. Obwohl hauchdünn eine Untertreibung ist: »Das Gold hat eine Stärke von einem achttausendstel Millimeter, das ist eigentlich nichts«, erklärt der Geschäftsführer. »Wir machen aus ganz wenig ganz viel. Das ist die Kunst.« Scheurings Mitarbeiterinnen legen diesen Hauch von Gold mit Zangen aus Ebenholz und unfassbar viel Fingerspitzengefühl in ein Büchlein, in denen Seidenpapier die Goldblätter trennt. Oft schaut der Chef sich die zum Schluss nochmal persönlich an – oder besser gesagt hindurch. Denn so zart ist ein einzelnes Blatt, das es, vor die Fenster seiner Fabrik gehalten, die Stadt dahinter erahnen lässt.

Dann zückt Scheuring sein Smartphone und zeigt Fotos von der vielseitigen Verwendung seines Blattgolds, sobald es seinen prüfenden Blick bestanden hat. Die Sneaker, die er für Adidas veredelte, oder die essbaren Goldflocken, die man auf den Cappuccino streuen kann. Auch für straffende Kosmetika wird sein Blattgold eingesetzt. Der klassische Kern des Geschäfts aber ist die Vergoldung von Bauten, 80 Prozent seiner Aufträge kommen aus dem Ausland, bei vielen berät Scheuring, welche Legierung am besten passt. Aber manchmal weiß selbst der Chef nicht, wo sein Gold eigentlich landet. So topsecret war der Auftrag für das Royal Clock Tower Hotel in Mekka, dass er erst während der Produktion davon erfuhr. Anderthalb

1 Werner Auer ist längst im Ruhestand, nur in der Schauwerkstatt schwingt der Goldschlägermeister noch seinen Hammer **2** Kunstvolle Wappen schmücken den »Goldenen Saal« im Rathaus, wo Schwabachs Zukunft entschieden wird **3** Ganz behutsam werden die Goldblätter auf die kreativen Becher im »Eiscafé De Rocco« gelegt

4 Bei Sturm müssen die Flügel des Engels in der Nürnberger Straße abgenommen werden, ansonsten segelt sie von ihrem Platz auf dem Dach **5** Goldene Schriftzüge prangen über vielen Geschäften in der Schwabacher Altstadt. Einer der größten gehört der »Buchhandlung Kreutzer« – und er ist selbst gemacht

Millionen Blätter lieferte Eytzinger zur Vergoldung des dritthöchsten Wolkenkratzers der Welt – wobei ihn die Quantität weniger stolz macht als der interkonfessionelle Gebrauch seiner Blätter, die auch Klöster und Kirchen schmücken. »Gold«, so sagt er, »vereint sämtliche Religionen.«

Und das Schwabacher Blattgold vereint die unterschiedlichsten Regionen. Die Kuppel des Pariser Invalidendoms, die Fackel der New Yorker Freiheitsstatue, das Interieur des Buckingham Palace – überall auf der Welt funkelt Gold aus Bayerns kleinster kreisfreier Stadt. Auch die Goldelse auf der Berliner Siegessäule hüllt sich in einen schimmernden Schwabacher Mantel. Seit fast einem halben Jahrtausend ist Schwabach das Zentrum der europäischen Goldschlägerei. Um 1572 verschlug es den ersten Handwerksmann der Zunft aus dem benachbarten Nürnberg in die Provinz, viele weitere folgten, der Legende nach ließ sich das Gold in dem trockenen Mikroklima des Schwabacher Kessels besser bearbeiten. Sicherlich half auch die hier fehlende Handwerksverordnung bei der Abwanderung. Seine Blütezeit erlebte das Gewerbe in den zwanziger Jahren des letzten Jahrhunderts, als es in der Stadt weit mehr als hundert Goldschlägereien gab und jeder fünfte Schwabacher von der schweißtreibenden und ohrenbetäubenden Arbeit lebte. »Dem Fremden, der zum ersten Mal in die Stadt Schwabach eintritt«, schrieb damals ein Heimatforscher, »fällt das Geräusch der raschen, in gleichmäßigem Takte sich folgenden lauten Hammerschläge … am meisten auf.«

Eine Ahnung, wie sich dieses Straßenorchester anhörte, bekommt man in der historischen Schauwerkstatt in der Altstadt. Goldschlägermeister Werner Auer schwingt seinen zwölf Kilo schweren Hammer und schlägt damit so fest auf die übereinander gestapelten Goldblätter, dass die Glasscheiben des Pavillons zittern. »Gerade im Sommer, wenn die Fenster offen waren, hat es überall gebummert«, erinnert sich der 53-Jährige an die Tage, als er in Schwabach sein Handwerk lernte. »Damals war noch alles Handarbeit.«

Auer ist einer der letzten Goldschlägermeister Deutschlands. Eigentlich wollte er Masseur werden, aber weil er dafür zu jung war, machte er zunächst eine Lehre zum Goldschläger – da bekäme man schon mal einen kräftigen Händedruck, dachte er sich. So kräftig, dass er und seine Kollegen oft in die US-Kaserne fuhren, um die Soldaten zum Armdrücken herauszufordern. »Wir haben uns immer die größten rausgesucht«, erzählt er mit einem Lächeln. »Die hatten keine Chance.« Auer hat noch heute eine Statur wie Popeye, aber die harte Arbeit hat ihre Spuren hinterlassen. Nach vielen Jahren mit rund 6000 Hammerschlägen täglich sind seine Hände auch nach mehreren Operationen nicht mehr für das Handwerk zu gebrauchen, das ohnehin längst Maschinen übernommen haben. Die letzten zwei verbliebenen Schwabacher Betriebe müssen sich vor allem gegen die Konkurrenz aus China behaupten.

Also arbeitet Auer heute als Stadtführer, schwingt nur noch für Vorführungen den Hammer und zeigt ansonsten die vergoldeten Kunstwerke, die das Stadtbild prägen. Das riesige goldene Ei neben der Werkstatt oder den glänzende Findling am Flussufer. Auers Lieblingswerk ist ein vergoldeter Engel, dessen Körper von einem

Victoria's-Secret-Model inspiriert wurde – und ausgerechnet auf dem Dach einer Anwaltskanzlei für Erb- und Familienrecht hockt. Auch die Dächer zweier Rathaustürme glänzen golden: Die Stadt finanzierte die edle Renovierung, indem sie ihre Bürger je einen Ziegel für 99 Euro kaufen ließ. Die Schindeln waren schnell ausverkauft, Auer hat selbst gerade so noch eine ergattert. »Die Stadt hätte das ganze Rathaus vergolden lassen können«, glaubt der Goldschlägermeister.

Queen Elizabeth II. mag in ihrem Palast genauso vor Schwabacher Blattgold sitzen wie der Sultan von Brunei in seinem, aber nirgendwo ist man so stolz auf das Edelmetall wie in der Heimat. Der Beiname »Goldschlägerstadt« schmückt das Schwabacher Logo, die Stadt organisiert auch die Biennale »Ortung«, die viele der goldenen Kunstwerke in den Straßen hinterlassen hat. Und die Bürger leisten ihren Beitrag, damit das glänzende Erbe der Stadt nicht zur historischen Kulisse verkommt: Das Eis der Familie De Rocco wurde 2017 als das zweitbeste der Welt ausgezeichnet, so gut wie jeden Tag kreieren sie in dem Eiscafé in der gemütlichen Altstadt neue Sorten. Holunderblüte und Waldhonig stehen gerade auf der Karte, wo sich auch der Eisbecher »Goldenes Schwabach« findet. Vanilleeis, karamellisierte Mandeln und obendrauf Streusel aus 22-Karat-Blattgold. Wie das Gold schmecke? »Schmeckt nach nichts«, sagt Luca De Rocco, der das Café in dritter Generation leitet, und lacht.

Der Eisbecher ist der teuerste der Gelateria und kostet doch nur 11 Euro. Dass es exorbitant teuer wäre, ist der größte Irrtum über Blattgold – ein acht mal acht Zentimeter großes Goldblatt von Eytzinger kostet umgerechnet etwa 2 Euro, weil es so dünn ist. Blattgold soll nur den Eindruck von Reichtum vermitteln, was man oberflächlich finden kann. Aber auch der Schein kann ja schön sein. Zumindest die Schwabacher lieben ihn und haben die Schriftzüge vieler Häuserfronten vergolden lassen. »Mode Frenzel« ebenso wie das »SPD Bürgerbüro« oder die »Buchhandlung Kreutzer« am Marktplatz. Ihr Besitzer Thomas Urmoneit hatte keine Ahnung vom Vergolden, besorgte sich dennoch ein Set, um die Buchstaben über seinen Schaufenstern selbst zum Funkeln zu bringen. »Mehr als schiefgehen kann es nicht«, dachte sich der Buchhändler.

Und als er mit dem Schriftzug fertig war, machte Urmoneit einfach weiter. »Kreutzer« ist eine ungewöhnliche Buchhandlung – nicht nur weil im Obergeschoss die zwei Papageien von Urmoneits Frau die Kunden mit ihren spitzen Schreien erschrecken, sondern auch weil neben den Bestsellern in den Schaufenstern vergoldete Gegenstände liegen, die der 46-Jährige im Geschäft verkauft. Goldene Golfbälle, Holzkreisel oder Bleistifte hat Urmoneit im Sortiment, auf Wunsch vergoldet er auch Fußballschuhe oder Babyschnuller. Er hat sich das selbst beigebracht, und auch wenn er zugibt, dass es für filigrane Gegenstände noch nicht ganz reicht, setzt er sich nach Feierabend gerne hin und klebt noch ein wenig Blattgold auf. Wie fein das sei, das habe er erst durch die Arbeit mit dem Material gelernt, erzählt Urmoneit, und dabei gleichzeitig ein wenig den Respekt vor dem Edelmetall verloren. »Wenn ich zum Eytzinger fahre, dann sage ich manchmal zu meiner Frau: Ich hol' mal schnell wieder Gold!« So als würde er nicht mehr machen, als Brötchen vom Bäcker mitzubringen.

SCHWABACHS GOLDIGE SEITEN

Stadtmuseum Mit der »Goldbox« hat das Museum der goldenen Vergangenheit der Stadt einen kleinen Ausstellungsbereich gewidmet. Darin wird über die einzelnen Schritte der Blattgoldproduktion informiert, aber auch der Blick auf die weltweite Förderung des Edelmetalls geweitet. Perfekt, um nach dem Stadtspaziergang ein wenig Hintergrundwissen zu tanken.
Museumsstraße 1, schwabach.de

Mit dem Goldschläger durch Schwabach So der Name der neuen Tour, bei der Goldschlägermeister Werner Auer zu den glänzenden Ecken seiner Heimatstadt führt – und selbstverständlich gehört auch ein Besuch der Schauwerkstatt samt Demonstration zu dem Stadtrundgang. Infos zu Tickets, Treffpunkt und Terminen des Spaziergangs gibt es auf der Website der Stadt.
schwabach.de

Buchhandlung Kreutzer Für eine Stadt mit so viel Gold gibt es in Schwabach verwunderlich wenig Vergolder. Thomas Urmoneit füllt diese Lücke, wenn auch nur als Hobby neben seinem Job in dieser schönen Buchhandlung, die seit mehr als hundert Jahren am Marktplatz zu Hause ist. Die vergoldeten Golfbälle und Bleistifte, die er hier verkauft, sind die Kassenschlager, aber auch die glänzenden Pflastersteine sind ein hübsches Souvenir.
Königsplatz 14, buecher-kreutzer.buchkatalog.de

Eiscafé De Rocco Von einer Kleinstadt-Eisdiele erwartet man nicht unbedingt viel mehr als die Standardsorten, aber dieses Eiscafé würde auch in jedem Berliner Kiez florieren. Schon Luccas Urgroßvater erwarb 1911 das Patent zum Eisverkäufer, heute hält der Nachfahre die Tradition am Leben und bietet oft wechselnde, unheimlich leckere Sorten an. Unser Favorit: der »Bergruf« mit Tannensprossen.
Ludwigstraße 10, eiscafederocco.com

Halo Die »Ortung« hat Schwabach viele goldene Kunstwerke geschenkt, von dem einige das Ende der Biennale überdauert haben. Zum Beispiel das »Halo«, das aus über das Stadtbild verteilten, auf unscheinbauren Mauern aufgetragenen Heiligenscheinen besteht, vor denen jeder ein Selfie machen kann. »Es ist eine Kunstaktion, die Spaß macht«, sagt »Halo«-Initiator Peter Winkler, »das ist mir immer wichtig.« Das zufällige Finden der Heiligenscheine gehört zum Spiel dazu. Ein Tipp: Um die Spitalkirche könnte sich einer der goldenen Kreise versteckt haben.
halo-schwabach.de

»WIR BRINGEN DIE STEINE ZUM SPRECHEN«

Florian Dierl über die große Herausforderung, mit der geschichtsbelasteten Architektur der Nationalsozialisten umzugehen

TEXT **FRANZ LENZE**

Ein langer Gang aus Glas und Stahl durchschneidet die düstere Kongresshalle, heute Ort des Dokumentationszentrums

Florian Dierl, *53, ist Historiker und leitet seit acht Jahren das Dokumentationszentrum des Reichsparteitagsgeländes in Nürnberg, das momentan umgebaut wird*

MERIAN: Herr Dierl, wie ist es, an solch einem geschichtsbelasteten Ort zu arbeiten?

FLORIAN DIERL: Das Gelände ist beeindruckend, keine Frage. Allerdings ist das Bild, das man sich davon macht, geprägt von den ikonografischen Fotos aus den 1930er Jahren. Was heute zu sehen ist, kann ernüchternd sein, weil die Ruinen zwar noch immer monumental wirken, sich aber im Stadium des Verfalls befinden. Hier die Steine zum Sprechen zu bringen, wie man so schön sagt, zu zeigen, was sich hier abgespielt hat, nicht nur während der Nazi-Herrschaft, ist eine große Herausforderung.

Was ist das für ein Gelände, das den Nationalsozialisten so wichtig war?

Zur Zeit der Weimarer Republik gab es hier einen Volkspark. Die Nazis feierten hier 1927 und 1929 ihre Parteiveranstaltungen, aber auch die demokratischen Parteien zeigten hier regelmäßig Präsenz. Zwischen 1933 und 1938 haben die Nationalsozialisten dann das Areal okkupiert – wir reden immerhin von knapp 16 Quadratkilometern – um ihre jährlichen »Reichsparteitage« abzuhalten. Sie bauten das »Zeppelinfeld« mit seiner monumentalen Tribüne, einen Aufmarschplatz für 100 000 Menschen, und die noch gigantischere Kongresshalle, ein Halbrund aus Ziegeln, Beton und Granit, das allerdings nie fertig wurde. Seit 2001 ist unser Dokumentationszentrum dort untergebracht.

Im Moment ist das Dokumentationszentrum, obgleich im Betrieb, eine Baustelle.

Das Zentrum war für unsere bis zu 300 000 Besucher im Jahr zu klein geworden. Wir bauen um und aus, und ich freue mich, dass wir erstmals einen Veranstaltungssaal bekommen, einen Platz für 200 Leute, um Kongresse, Podiumsdiskussionen oder Kunstveranstaltungen anzubieten. Auch eine Hausbibliothek für Forschungszwecke wird es geben, die unsere wissenschaftliche Literatur umfasst, aber ebenso gespendete Bücher aus der NS-Zeit, immerhin mehrere tausend. Dazu schaffen wir ein neues Medien-Recherche-Zentrum, um die Inhalte leichter auffindbar zu machen.

Die Schwere der Naziarchitektur und ein modernes Museum: Lässt sich das vereinbaren?

Das ist harte Arbeit. Aber der Kernbereich, der für unsere Besucher interessant ist, ob jung oder alt, wird die neue Dauerausstellung sein, die wir gerade konzipieren. Wir bemühen uns – ohne dabei klassische Ausstellungsobjekte zu vergessen – eine ästhetische Formensprache zu finden, die zeitgemäß ist, stärker medial orientiert.

Wie wird das aussehen?

Vor 20 Jahren, als das Zentrum gegründet wurde, hat man sich stark an der Art der Wissenvermittlung in KZ-Gedenkstätten orientiert: Nüchtern, zurückhaltend, die vorherrschenden Farben waren Schwarz und Grau. Viel Wert wurde auf bewegte Bilder gelegt, auf das gesprochene Wort und auf die Beweiskraft der Fotografie. Wir agieren bewusst mit mehr Farbe, was die jetzige Interimsausstellung während der Bauarbeiten schon gut zeigt. Dazu kommen Objekte und Medien, die den Besucher intuitiv ansprechen, ohne ihn zu überrumpeln. Wir wollen keine Betroffenheit auslösen, sondern Neugier und Nachdenklichkeit. Wichtig ist uns, dass die Besucher sich mit den Informationen, die sie hier bekommen, näher befassen möchten.

Virtuell an einem Reichsparteitag teilnehmen und in das Geschehen von damals eintauchen: Wie machen Sie das möglich?

Wir haben hier ein neues Medienformat für Tablets entwickelt, ein interaktives Erzählformat, im Stil einer Graphic Novel, mit dem die Besucher den Reichsparteitag von 1934 ergründen können. Man kann die Wege und Erlebnisse unterschiedlicher Protagonisten verfolgen und aus der Sicht eines jüdischen Jungen oder eines SA-Mannes die ganze Geschichte dieser Propagandaveranstaltungen erleben. Darüber hinaus gibt es die Möglichkeit, eine Vielzahl historischer Informationen spielerisch zu entdecken. Das Lernen am historischen Beispiel kommt also nicht zu kurz.

Wie reagieren die Besucher darauf?

Mit Erstaunen. Weil dieses besonders anschauliche Erleben Emotionen, aber auch Nachdenklichkeit auslöst. Das Eintauchen in eine individuelle Geschichte, die Erkenntnisse aus unterschiedlichen Standpunkten darstellt, macht sie so unmittelbar erfahrbar. Dieses Format

Massenparade: Mehr als 40 000 Arbeiter marschieren während des Reichsparteitags 1936 über das Nürnberger »Zeppelinfeld«

ist eine interessante Facette und zeigt uns, dass wir solche multimedialen Wege weiterhin beschreiten müssen. Diesen Mix aus virtuellem Erleben und dem Erfahren der realen Welt, der Backsteinmauern und riesigen Plätze.

Was legen Sie den Menschen für ihren Besuch besonders ans Herz?

Durch die Gebäude zu streifen, auch über die Aufmarschorte wie das »Zeppelinfeld« und die »Große Straße«, um ihre Größe und historische Dimension zu erleben. Und natürlich einen Besuch der derzeitigen Ausstellung in der Kongresshalle. So lässt sich hier erfahren, dass zum Beispiel 1939, als der – welche Ironie – »Reichsparteitag des Friedens« abgesagt wurde, der riesige Aufenthaltsort für die geladenen Parteimitglieder im Süden Nürnbergs rasch in eines der größten Lager für Kriegsgefangene und später auch für zivile Zwangsarbeiter umgewandelt wurde. Nach unseren Schätzungen wurden hier zu Kriegszeiten mehr als 100 000 Gefangene durchgeschleust. Lernen ließe sich auch, dass hier 1941/42 die Deportationszüge mit den Juden aus den ober- und mittelfränkischen Regionen ankamen, um in die Sammellager des besetzten Polen transportiert zu werden. Auch diese Gewaltgeschichte muss thematisiert werden.

Die Stadt Nürnberg möchte vorübergehend ihr Opernhaus in der Kongresshalle unterbringen, solange der denkmalgeschützte Bau in der Stadtmitte saniert wird. Ist das geschickt?

Aber das ist ja nichts Neues! Freizeit, Erinnern und Gedenken überlagern sich hier schon lange. Allein das »Zeppelinfeld«, nach dem Krieg von den Amerikanern in Beschlag genommen, wurde für Truppen- und Sportveranstaltungen genutzt. Denken Sie nur an das Autorennen, das jedes Jahr im Juli dort stattfindet. Oder an den Dutzendteich, der an das Reichsparteitagsgelände grenzt und für die Nürnberger eher als Naherholungsgebiet gesehen wird. Selbst die Kongresshalle war über lange Jahre hinweg so etwas wie ein vergessener, schlafender Riese, der zu kaum anderem als zu Lagerzwecken taugte. Wenn man den Ort in den nächsten Jahren verstärkt für kulturelle Veranstaltungen nutzen möchte, dann steigert das lediglich die Nutzungsformen, die auf dem Gelände seit jeher etabliert sind. Wichtig ist nur, dass jedem das Spannungsverhältnis zwischen dem Gedenken an die Opfer des Dritten Reichs und diesem neuen Freizeitaspekt bewusst ist.

Seit Jahren wird debattiert, ob Denkmäler des Schreckens, wie das Parteitagsgelände, dem Verfall preiszugeben oder abzureißen sind. Würde das Dokumentationszentrum nicht reichen, um die Geschichte dieses Ortes zu erzählen?

Zwei Argumente dagegen: Richtig ist, dass das Gelände und seine Gebäude mit bösen Erinnerungen behaftet sind, trotz allem aber sind sie Zeitzeugnisse. Wie die Burg aus einer anderen Epoche. Hinzu kommt, dass wir nur wenige Repräsentationsbauten aus der Zeit des Dritten Reichs haben. Es gibt Funktionsbauten, wie den Flughafen Tempelhof in Berlin. Oder das ehemalige Luftwaffenministerium, in dem heute das Finanzministerium sitzt. Prora, das einstige Kraft-durch-Freude-Freizeitbad auf Rügen, ist mittlerweile bis zur Unkenntlichkeit entfremdet. Die Bauten, in denen sich die Symbolik des Dritten Reiches konzentriert, sind noch in Nürnberg zu finden. Um eine Idee davon zu bekommen, wie sich die Nazis auf der Ebene der Ästhetik und Anmutung gesehen haben, müssen Besucher erleben, wie diese Bauten sich vor ihnen auftürmen. Dann begreifen sie die unheilvolle Verbindung aus Architektur und Ideologie. Da helfen keine Propagandafotos aus den 1930er Jahren. Nichts kann das echte Erleben aufwiegen.

Gibt es einen Ort auf dem Gelände, an dem sich für Sie die Geschichte der dunklen Zeit kristallisiert?

Es gibt tatsächlich einen Ort, an den – obwohl er in unmittelbarer Nähe der Kongresshalle liegt – überhaupt niemand mehr denkt. Nämlich den Luitpoldhain. Die Nazis haben ihn zu einer Arena umgebaut, um dort der Toten des Hitler-Putsches von 1923 zu erinnern. Warum haben sie diesen Ort gewählt? Weil es da aus der Zeit der späten 1920er Jahre eine Ehrenhalle gab, errichtet von der demokratischen Stadtregierung Nürnbergs, um der Gefallenen des Ersten Weltkriegs zu gedenken. Die Nazis haben dann den Ort erweitert und für ihre Zwecke missbraucht. Nach dem Zweiten Weltkrieg, schon ab 1946, hat man diese Nazi-Hinterlassenschaften abgerissen, nur noch die Ehrenhalle stehen lassen und eine Parkanlage darum gebaut. Ein einsamer und verlassener Ort, der außer zum Volkstrauertag fast nie genutzt wird. Und deswegen umso mehr verfällt. Für mich ist das eigentlich ein zentraler Ort, weil man hier das Gedenken an die Opfer zweier Weltkriege wiederbeleben kann. Was mir ein Anliegen wäre.

Das Dokumentationszentrum könnte dieser Erinnerungsort nicht sein?

Das Dokumentationszentrum ist keine Gedenkstätte, sondern ein Ort, der letztendlich für die Selbstdarstellung der Nazis steht. Aber der Luitpoldhain ist von Anbeginn eine Gedenkstätte gewesen, hier an die Opfer des Nazi-Regimes zu erinnern, wäre eine schöne Geste. Und auch ein Kontrapunkt zu den Kulturnutzungen in der Kongresshalle. Hier die Oper, dort das Gedenken. Wenn man das lebendig zusammenführt, wird das Einzigartige dieses Ortes erlebbar.

Nürnberg, Bayernstr. 110
museen.nuernberg.de

LANGE RHÖN

Wer mag bei diesem zauberhaften Anblick schon an Moorleichen denken? Im Schwarzen Moor, im Dreiländereck zwischen Hessen, Thüringen und Bayern, soll, heißt es in der Rhönsage, einst ein ganzes Dorf versunken sein, als Strafe für das sündige Leben seiner Bewohner. Wie gut, dass es mittlerweile diesen 2,2 Kilometer langen Holzbohlenweg gibt, der durch das UNESCO-Biosphärenreservat führt. Wer ihn entlangspaziert, erfährt auf Infotafeln viel über das mit 66 Hektar (92 Fußballfelder) größte Hochmoor im Naturschutzgebiet Lange Rhön. Etwa über die seltenen Pflanzen und Tiere, die hier leben, darunter das Birkhuhn und die Kleine Moosjungfer, eine Libellenart. Für einen tollen Rundumblick kann man auf den 17 Meter hohen Aussichtsturm steigen.

Infostelle: Fladungen, Schwarzes Moor 1
biosphaerenreservat-rhoen.de

Frankens grüne Pfade

Lichte Wiesen, dramatische Felsen, magische Buchenwälder und erfrischende Seen: Naturfreunde finden jenseits der Städte ganz unterschiedliche Kulissen und Outdoor-Erlebnisse für jedes Fitness-Level

TEXT **SILVIA TYBURSKI**

FOTO: DESIGN PICS/ALAMY STOCK PHOTO

FRÄNKISCHE SCHWEIZ

Wo sich heute Fachwerkhäuser an graue Giganten schmiegen, lag im Jurazeitalter ein tropisches Meer. Aus dieser Zeit, vor 200 bis 145 Millionen Jahren, stammen diese Felsen in Tüchersfeld. Einst waren sie ein Riff, später formte die Püttlach sie zu turmartigen Gebilden. Kein Wunder, dass die Region in Oberfranken ein El Dorado für Bergfexe ist, mehr als 800 Kletterfelsen gibt es hier. Auf dem Fahnenstein (rechts) darf man zwar nicht bergsteigen, man kann ihn aber von innen über eine steile Treppe erklimmen. Wer lieber am Boden bleibt, kann sich nicht weniger faszinierende Höhlen anschauen, darunter die Teufelshöhle bei Pottenstein, die größte der insgesamt 1000 Höhlen in der Fränkischen Schweiz. Mehr über Geologie und Geschichte der Region erfährt man im Fränkische-Schweiz-Museum am Fuß der zwei markanten Felsen, wo es unter anderem einen versteinerten Mammut-Unterkiefer zu sehen gibt.

fsmt.de, fraenkische-schweiz.de, pottenstein.de

FICHTELGEBIRGE

Die Formationen im Felsenlabyrinth Luisenburg, einem riesigen Granit-Steinmeer, beeindruckten schon den Naturforscher Alexander von Humboldt und die preußische Königin Luise (1776-1810). Nach ihr wurde dieser Teil des Fichtelgebirges, das sich von Bayern bis nach Tschechien erstreckt, auch benannt. An ihren Sohn schrieb sie von dort: »Unglaubliche Felsklumpen sind übereinander gestürzt. Durch diese kann man kriechen und kommt dann wieder auf schöne Plätze, die man sich nach solcher dunklen Promenade gar nicht mehr vermuten kann.« Neben herrlichen Wanderwegen zieht auch die Open-Air-Bühne der Luisenburger Festspiele in Wunsiedel Besucher an, wo in 700 Meter Höhe Klassiker von Goethe und Shakespeare, aber auch Musicals und Stücke für Kinder inszeniert werden.
fichtelgebirge.bayern, luisenburg-aktuell.de

FOTOS: GEORG KNOLL, FLORIAN MANHARDT/TOURISMUSZENTRALE FICHTELGEBIRGE

FRÄNKISCHES SEENLAND

Die sieben Badeseen südwestlich von Nürnberg sind alle menschengemacht. Angelegt zwischen 1974 und 2000 als Stauseen, sollten sie ursprünglich die Wasserversorgung vor allem der Industrie im Norden Bayerns sicherstellen. Für sie wurden, trotz Protesten von Naturschützern, Äcker, Waldflächen, Wiesen sowie elf Mühlen geflutet, für die die Gegend einst berühmt war. Später wurden die Seen umgewidmet: Man kann hier heute schwimmen, segeln und tauchen. Oder, wie hier am Allmannsdorfer Strand am Großen Brombachsee, kitesurfen. Er ist mit 8,7 Quadratkilometern Fläche der größte und mit gut 30 Metern auch der tiefste der Seen. Mehr über die Entstehung der Fränkischen Seenplatte erfährt man in der Mandlesmühle nahe Pleinfeld, östlich des Großen Brombachsees.

fraenkisches-seenland.de

FOTO: BERNHARD HUBER/ERLEBE.BAYERN

SPESSART

Sechs Meter rauscht am Trettstein der Eidenbach in die Tiefe. Mit der Zeit hat er sich in den roten Kalkstein gegraben, immer wieder formt er kleine Becken und weitere kleinere Wasserfälle, bevor er weiter südlich in die Saale mündet. Wanderer, die sich abkühlen möchten, gehen aber besser ins Freibad Gemünden oder gönnen sich das »Good Morning«-Arrangement im Spa des nahen Resorts »Neumühle« in Wartmannsroth (ab 100 Euro mit Frühstück). Auch per Rad kann man die von Eichen- und Buchenwäldern geprägte Region zwischen Odenwald, Vogelsberg und Rhön wunderbar erkunden. Der Bikepark Spessart umfasst 875 Kilometer Radwege speziell für Mountainbiker und bietet neben Fahrtrainings auch Guides für Touren an.

spessart-erleben.de, neumuehle-resort.de, bikewald.com

FOTOS: IMAGEBROKER/ALAMY STOCK PHOTO, THOMAS GLOMM/FRANKENTOURISMUS

STEIGERWALD

Schwindelfrei sollte man schon sein, wenn man diesen fantastischen Ausblick über den Steigerwald genießen möchte. Der Baumwipfelpfad bei Ebrach, östlich von Würzburg, führt über einen 1150 Meter langen, barrierefreien Holzsteg bis zu diesem 42 Meter hohen Aussichtsturm. Unterwegs gibt es Spielstationen für Kinder und Infostellen, an denen Besucherinnen und Besucher viel über die Pflanzen- und Tierwelt des Steigerwalds erfahren, der als Naturpark zu großen Teilen unter Schutz steht. Wer mag, kann auch an von Rangern geführten Wanderungen teilnehmen. Und unterwegs zum Beispiel lernen, dass hier vor allem Rotbuchen, aber auch Wilde Tulpen und Orchideen wachsen und seltene Tiere wie Biber, Wildkatze und Feuersalamander zu Hause sind.

baumwipfelpfadsteigerwald.de, steigerwald-naturpark.de

Kopf voran im Schluf

Vier Männer mittleren Alters auf Wanderung in Franken, begleitet von diversen Bieren, ausgebremst von einem zu engen Höhlentunnel – aber da wurde es erst richtig spannend: Unser Kolumnist, einer der vier, traf unterwegs auf einen Riesen und den großen Dichter Petrarca

ILLUSTRATION **P.M. HOFFMANN**

Gibt man bei Google »franken b« in die Suchmaske, vervollständigt der Algorithmus ehrgeizig das »b« mit »ierwanderung«, was also heißt, dass sich sehr viele Menschen für diese Freizeitaktivität interessieren im schönsten Nichtbundesland, das sich wie ein Bundesland anfühlt, inklusive heiterem Geschichtsbewusstsein vom Selbst als Volk.

Wie man von Francesco Petrarca weiß, dem ersten verbürgten Wandersmann, welcher 1336 den rigorosen Mont Ventoux »lediglich aus Verlangen« bestieg, bedarf es für eine Wanderung eines Körpers »stark und geübt im Marschieren« (für ihn dazu »etliche Dienende«, aber gut).

Für eine Bierwanderung in Franken bedarf es eines Körpers, stark und geübt im Trinken. Damit wir uns nicht falsch verstehen: Ich möchte hier weder das Wandern noch das Trinken verharmlosen. Es ist sogar so, dass ich meine bisher einzige Bierwanderung in Franken unternahm, nachdem ich beschlossen hatte, einen Monat lang keinen Alkohol zu trinken. Das ist in etwa so, als hätte Petrarca den Mont Ventoux bestiegen, nachdem er beschlossen hatte, einen Monat lang nicht bergauf zu gehen. Unterwegs war ich mit einer Truppe trinkfreudiger Freunde, die vorgaben, Fränkisch zu verstehen.

An dieser Stelle schreiben unsere Kolumnistinnen und Kolumnisten in unregelmäßiger Folge über die Welt und wie sie ihnen begegnet. **Saša Stanišić** *bekommt es hier mit den Tücken einer fränkischen Höhle und der fränkischen Sagenwelt zu tun.*

Ausgewählt hatten wir eine mehrtägige Tour, die uns, so meine Hoffnung, in landschaftlich leutselige Landschaften und kulturell kecke Kulturstädtchen führen würde, sowie, von mir aus, in die eine oder andere Brauerei.

Am ersten Wandertag besoff sich Franz aber schon vor der Mittagsstunde derart, dass er in einer Höhle beim Versuch ein Selfie zu machen in einem sogenannten Schluf steckenblieb. Schluf, das ist Höhlendeutsch für: »ein für den zu breiten Franz zu enger Tunnel«. Und ja, »breit« im doppelten Sinne, ich darf blöde Wortspiele bringen, schließlich war Franz blöd genug, sich etwas zuzutrauen, was sein Zustand nicht hergab.

»Franz, kommst du mal raus?«

»Nein.«

»Wie, nein?«

»Geht halt nich.«

Ja, was macht man da?

Na, was schon? Ihn rauskriegen. An den Füßen des Franz zerren, ihn animieren, »drück, Franz!« Und die alten, weisen Versinterungen der Höhlenwände und die wenigen noch nicht abgebrochenen Tropfsteine gucken dir dabei zu, sehen also, wie vier Männer mittleren Alters in Outdoorklamotten einen Nichtfranken in Franken aus einer fränkischen Höhle zupfen, auch für sie ein in all den Jahrtausenden ihrer Existenz ziemlich sicher einmaliger Anblick.

Es sind nur die Beine zu sehen, den Rest vom Franz hat der Schluf verschluckt, und von irgendwo, wo Franz' Kopf sein müsste, ruft Franz' Mund: »Hätt ich jetzt ein Bierchen, wäre das ganz okay auszuhalten.«

»Ich freute mich über meine Fortschritte«, schrieb damals Petrarca und beweinte die eigene Unvollkommenheit beim Aufstieg, beklagte die allgemeine Wandelbarkeit des menschlichen Tuns; »und an welchen Ort und aus welchem Grund ich gekommen war, schien ich irgendwie vergessen zu haben«.

Auch wir hatten irgendwie vergessen, an welchen Ort und aus welchem Grund wir in diese Höhle, in diese Wanderung und diese Geschichte gekommen waren: Um uns tropfte die kühle Höhlendämmerung, hier und dort feucht gebrochen von den Taschenlampen unserer Handys und vom plötzlich singenden Franz mit »Wandern ist des Franzens Lust«, einer Impro auf Wilhelm Müllers traditionelles Liedchen.

Mann, Franz, das hier, das ist das Gegenteil vom Wandern.

Aber gut. So schön die Höhle war, das Leben und das Erzählen durfte doch nicht so enden. Nicht am Anfang einer Tour, nicht in Franken, nicht mit Bergrettung. Nach zwei Stunden seit Franz steckengeblieben war, fiel uns nichts anderes ein, als nun doch Hilfe zu holen.

In der Höhle gab es kein Empfang, also begab ich mich hinaus, um zu telefonieren, und es geschah nicht weniger als das Unerhörte. Während meine Augen sich an das Sonnenlicht gewöhnten, zog ein Sog mich an den Riemen meines Rucksacks, es war, als packte und trug eine große Hand – ein fränkischer Riese! – mich durch die Luft, bevor sie mich fallenließ am lieblichen Ufer des Liebfrauensees (ich meine vom Riesen nur den Haarwirbel gesehen zu haben, während er in den Untiefen des Sees verschwand). Franz lag neben mir, Füße im kühlen Wasser, ein Bier in der Hand. Die anderen sonnten sich, erzählten einander fränkische Sagen.

»Wie sind wir – « hergekommen, wollte ich sagen, doch bevor ich zum Fragezeichen kam, saß ich bereits in der Luft, genauer: auf einem Besen! Und wenn Sie, werter Leser, werte Leserin, jetzt sagen, das ist aber Quatsch, an Riesen glaub ich, an Hexen nicht, will ich Ihnen dies sagen: Wenn Sie mal in Franken sind, steigen Sie hinauf zur Ehrenbürg, zum »Walberla«, und tun Sie dies in der Walpurgisnacht! Und dann reden wir nochmal.

Von dem Walberla hinunter brachte mich ein Detail, in dem liegt der Teufel bekanntlich, und konkret zum Biergarten der Held-Bräu-Brauerei, am Abend des vierten Wandertages. Franz spielte Skat gegen sich und sich, die anderen tranken still, auch Petrarca saß an unserem Tisch, er schwelgte tränenreich verknallt in die Bierkönigin von Forchheim.

Es hat mich Amor waffenlos gefunden,
offen den Weg zum Herzen durch die Augen,
die nun der Tränen Tore sind und Schleusen.

Ich fand immer einen Grund, warum ich bestellen sollte, und bestellte immer Alkoholfreies für Franz (und für Petrarca). Sicher ist sicher. Und über uns: der knirschende Abendhimmel wie Stiefel auf Schotter.

MERIAN

ERSCHEINT IM

JAHRES ZEITEN VERLAG

EIN UNTERNEHMEN DER GANSKE VERLAGSGRUPPE

Chefredakteur	Hansjörg Falz
Stellvertretende Chefredakteurin	Tinka Dippel
Art Direction	Isa Johannsen
Chefin vom Dienst	Jasmin Wolf
Redaktion	Antonia Aust, Kalle Harberg, Jonas Morgenthaler, Stefanie Plarre, Silvia Tyburski; Mitarbeit: Ole Heiland, Christine Kemenah, Franz Lenze, Kathrin Sander (Podcast), Inka Schmeling (Podcast), Gabriele Thal, Burkhard Maria Zimmermann
Bildredaktion	Violetta Bismor, Tanja Foley, Katharina Oesten (Leitung); Mitarbeit: Sibel Soycetin
Layout	Inke Cron, Lena Glauche (stellv. AD, in Elternzeit), Tanja Schmidt
Redaktionsmanagement	Bodo Drazba (Ltg.)
www.merian.de	Mila Krull
Kaufmännische Assistenz	Anne Dreßel
Konzeption dieser Ausgabe	Jonas Morgenthaler (Text), Violetta Bismor (Bild)
Autoren	Kristine Bilkau, Dennis Gastmann, Finn-Ole Heinrich, Nils Minkmar Thomas Pletzinger, Till Raether, Saša Stanišić, Ilija Trojanow, Hans Zippert
Verantwortlich für den red. Inhalt	Hansjörg Falz
Geschäftsführung	Thomas Ganske, Sebastian Ganske, Susan Molzow (CEO), Peter Rensmann, Arne Bergmann
Brand Owner	Oliver Voß
Head of Creation	Kolja Kahle
Head of Editorial Operations	Bartosz Plaksa
Gesamtvertriebsleitung	Stefan Hagel (Zeitschriftenhandel), Thomas Voigtländer (Buchhandel)
Abovertriebsleitung	Christa Balcke
Leitung Leserreisen	Oliver Voß
Geschäftsführung Sales und Content Solutions	Arne Bergmann (verantwortlich für Anzeigen)
Senior Brand Manager	Henning Meyer, Tel. 040 2717-2496
Anzeigenstruktur	Corinna Plambeck-Rose, Tel. 040 2717-2237
Marketing Consultant	Alexander Grzegorzewski
Ihre Ansprechpartner vor Ort:	
Region Nord	Jörg Slama, Tel. +49 40 22859 2992, joerg.slama@jalag.de
Region West/Mitte	Michael Thiemann, Tel. +49 40 22859 2996, michael.thiemann@jalag.de
Region Südwest	Marco Janssen, Tel. +49 40 22859 2997, marco.janssen@jalag.de
Region Süd	Jonas Binder, Tel. +49 40 22859 2993, jonas.binder@jalag.de
Repräsentanzen Ausland:	
Belgien/Niederlande/Luxemburg	Mediawire International, Tel. +31 651 480108, info@mediawire.nl
Frankreich/Monaco	Media Embassy International, Tel. +33 (0)6 03 92 09 15, info@media-embassy.fr
Großbritannien/Irland	Mercury Publicity Ltd., Tel. +44 7798 665 395, stefanie@mercury-publicity.com
Italien	Media & Service International Srl, Tel. +39 02 48 00 61 93, info@it-mediaservice.com
Österreich	Michael Thiemann, Tel. +49 40 22859 2996, michael.thiemann@jalag.de
Schweiz/Liechtenstein	Goldbach Publishing AG, Tel. +41 (0) 76 468 83 13, eva.favre@goldbach.com
Skandinavien	International Media Sales, Tel. +47 9222 0650, fgisdahl@mediasales.no
Spanien/Portugal	The International Media House, Tel. +34 91 7023484, administracion@theinternationalmediahouse.com

Die Premium Magazin Gruppe im Jahreszeiten Verlag
Gültige Anzeigenpreisliste: Nr. 10
Heft 09/2022 – Franken. Erstverkaufstag dieser Ausgabe ist der 25.08.2022. Redaktionsschluss: 25.07.2022
MERIAN erscheint monatlich im Jahreszeiten Verlag GmbH, Harvestehuder Weg 42, 20149 Hamburg, Tel. 040 2717-0
Redaktion Tel. 040 2717-2600, E-Mail: redaktion@merian.de Internet www.merian.de
Abonnementvertrieb und Abonnentenbetreuung DPV Deutscher Pressevertrieb GmbH, Tel. 040 2103-1371, Fax -1372, www.dpv.de, E-Mail: leserservice-jalag@dpv.de
Merian (USPS no 11458) is published monthly by JAHRESZEITEN-VERLAG GMBH. Known Office of Publication: Data Media (A division of Cover-All Computer Services Corp.), 2221 Kenmore Avenue, Suite 106, Buffalo, NY 14207-1306. Periodicals postage is paid at Buffalo, NY 14205. Postmaster: Send address changes to Merian, Data Media, P.O. Box 155, Buffalo. NY 14205-0155, E-Mail: service@roltek.com, Toll free: 1-877-776-5835
Vertrieb DPV Vertriebsservice GmbH, www.dpv-vertriebsservice.de
Postproduction K+R Medien GmbH, Darmstadt
Druck und Verarbeitung Walstead Kraków Sp. z o.o., Obrońców Modlina 11, 30-733 Krakau, Polen

Jahresabonnementspreis im Inland 118,80 €, für Studenten 59,40 € (inklusive Zustellung frei Haus). Der Bezugspreis enthält 7 % Mehrwertsteuer. Auslandspreise auf Nachfrage. Führen in Lesemappen nur mit Genehmigung des Verlages. Printed in Germany, ISBN 978-3-8342-3306-6, ISSN 0026-0029, MERIAN (USPS No. 011-458) is published monthly by JAHRESZEITEN VERLAG GMBH.

Bildagentur Image Professionals GmbH Tumblingerstr. 32, 80337 München, www.imageprofessionals.com

Weitere Titel der JAHRESZEITEN VERLAG GmbH
A&W ARCHITEKTUR & WOHNEN, DER FEINSCHMECKER, FOODIE, LAFER, MERIAN SCOUT, POLETTO, ROBB REPORT

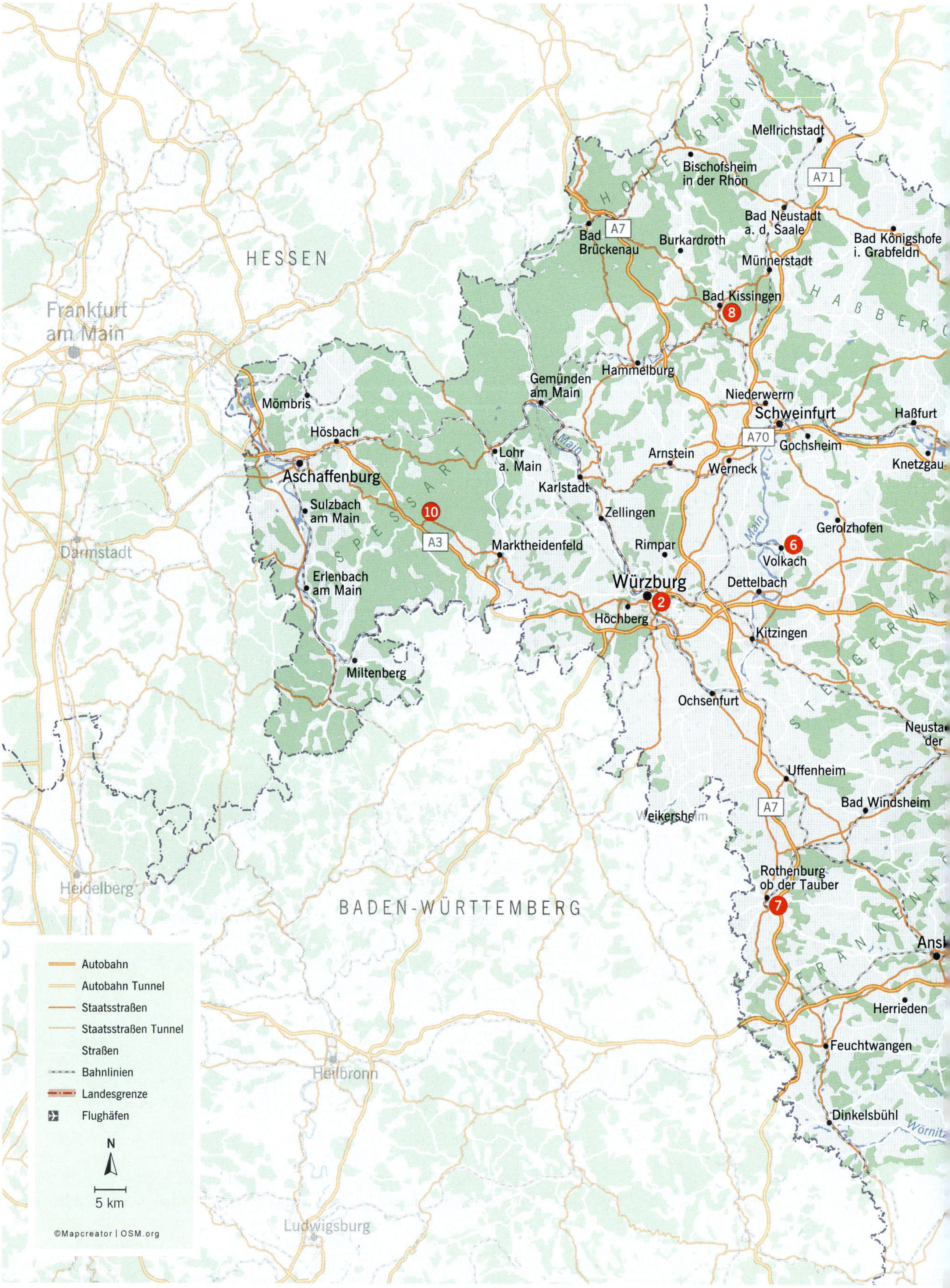
HESSEN
BADEN-WÜRTTEMBERG
HOHE RHÖN
HAßBERGE
SPESSART
STEIGERWALD
FRANKENHÖHE
Frankfurt am Main
Darmstadt
Heidelberg
Heilbronn
Ludwigsburg
Mellrichstadt
Bischofsheim in der Rhön
A71
Bad Neustadt a. d. Saale
Bad Königshofe i. Grabfeldn
Bad Brückenau
A7
Burkardroth
Münnerstadt
Bad Kissingen
8
Hammelburg
Gemünden am Main
Niederwerrn
Schweinfurt
Haßfurt
Mömbris
Hösbach
A70
Gochsheim
Lohr a. Main
Arnstein
Knetzgau
Aschaffenburg
Werneck
Karlstadt
Sulzbach am Main
10
Zellingen
Gerolzhofen
Main
A3
Marktheidenfeld
Rimpar
6
Volkach
Erlenbach am Main
Würzburg
2
Dettelbach
Höchberg
Kitzingen
Miltenberg
Ochsenfurt
Neusta der
Uffenheim
A7
Bad Windsheim
Weikersheim
Rothenburg ob der Tauber
7
Ansb
Herrieden
Feuchtwangen
Dinkelsbühl
Wörnitz
Autobahn
Autobahn Tunnel
Staatsstraßen
Staatsstraßen Tunnel
Straßen
Bahnlinien
Landesgrenze
Flughäfen
N
5 km
©Mapcreator | OSM.org

MERIAN *Highlights*

1 Das Germanische Nationalmuseums allein lohnt den Besuch im ebenso geschichtsträchtigen wie vielfältigen Nürnberg **(S. 52)**

2 Der opulente Hofgarten der Residenz, viel Leben in den Straßen und ringsum die Rebberge – Würzburg bietet eine umwerfende Kombination! **(S. 66)**

3 Eine muntere Bierkultur prägt die ländliche Umgebung von Bamberg, Hunderte von historischen Bauten die Altstadt **(S. 70)**

4 Bayreuth ist bekannt durch die Richard-Wagner-Festspiele. Die Stadt hat aber auch sonst äußerst viel zu bieten **(S. 40)**

5 Beeindruckende Natur, Burgen, Schlösser und charmante Orte machen die Fränkischen Schweiz zu einem idealen Wandergebiet **(S. 106)**

6 Die Mainschleife bei Volkach ist nicht nur landschaftlich äußerst attraktiv: Hier befinden sich auch einige der besten Weinlagen, die Franken zu bieten hat **(S. 90)**

7 Rothenburg ob der Tauber ist eine Bilderbuchstadt mit viel Fachwerk, schmucken Gässchen und trutzigen Türmen **(S. 6)**

8 Bad Kissingen gehört mit seiner Bäderarchitektur zu den schönsten der 19 fränkischen Heilbäder und Kurorte **(S. 30)**

9 Die Festung Rosenberg in Kronach ist äußerst imposant – und typisch für diesen mit Burgen und Schlössern gesprenkelten Landstrich **(S. 82)**

10 Spessart bedeutet Wald, noch mehr Wald, dann eine Gaststätte: In dichtem Grün kann man sich hier wunderbar verlieren **(S. 34)**

KARTENILLUSTRATION: JOCHEN SCHÄFERS

Feste, Festspiele, Festivals und Fußball

Wo gerade die Musik spielt in Franken und wie Sie am besten dorthin kommen, was der »Glubb« ist und warum er leidenschaftlich geliebt wird

GEOGRAFIE UND BEVÖLKERUNG

Franken ist eine historisch gewachsene Region, die nicht überall den heutigen politischen Grenzen entspricht. Nach dem Ende des Heiligen Römischen Reichs 1806 wurden viele Gebiete Teil Bayerns. Entsprechend besteht das fränkische Kerngebiet aus den bayerischen **Regierungsbezirken Oberfranken, Mittelfranken und Unterfranken,** in denen insgesamt gut vier Millionen Menschen leben. Darüber hinaus sind aber auch Teile im Südwesten von Thüringen und kleine Zipfel von Osthessen fränkisch geprägt. Im Nordosten von Baden-Württemberg haben die Tauberfranken und die Hohenloher fränkische Wurzeln.

FRÄNKISCHE STÄDTE

Über eine halbe Million Menschen leben in der größten Stadt **Nürnberg.** Danach folgen mit jeweils über 100000 Einwohnerinnen und Einwohnern die Städte Fürth, Würzburg und Erlangen, gefolgt von Bamberg, Bayreuth und Aschaffenburg mit jeweils über 70000.

VIELFÄLTIGE NATUR

Reisende finden in Franken diverse weite, wenig besiedelte Landschaften, darunter **Mittelgebirge** wie die Rhön, der Spessart, das Fichtelgebirge mit dem Frankenwald nebenan und die Fränkische Alb mit der beliebten Fränkischen Schweiz. Viele sind als **Naturparks** ausgewiesen, zum Beispiel das Altmühltal, das noch Teil der Südlichen Frankenalb ist, die sich etwa von der Schwäbischen Alb bis fast nach Coburg zieht. Besonders lieblich ist die Natur am **Main,** der in der Nähe von Bayreuth im Osten von Franken entspringt und sich bis nach Hessen schlängelt. Die Landschaft an den Ufern ist oft stark vom Menschen geformt – besonders durch den traditionsreichen Weinbau.

UNTERWEGS IN FRANKEN

In eher ländlichen, abgelegenen Regionen wie dem Fichtelgebirge ist ein eigenes Auto praktisch, für Städtetrips hingegen unnötig. So ist man vom **Knotenpunkt Nürnberg** mit der Bahn in gut fünf Minuten in Fürth, in rund 25 Minuten in Erlangen und in weniger als einer Stunde in Bamberg oder in Würzburg.

WIRTSCHAFT

Die Industrialisierung in Franken wurde durch eine Novität beschleunigt: 1835 nahm zwischen Nürnberg und Fürth die **erste deutsche Eisenbahnverbindung** ihren Betrieb auf. Die Region entwickelte sich zu einem Zentrum der Industrialisierung in Bayern, mit Fürth als »Stadt der 1000 Schlote«. Dampfmaschinen und Lokomotiven wurden in Franken hergestellt, Textil- und Porzellanfabriken eröffnet. Für die Zeit von 1900 bis 1970 bietet das **Industriemuseum in Lauf** Einblicke in den Fabrikalltag. Heute steht die Region wirtschaftlich auf stabilen Füßen, trotz Rückschlägen wie der Insolvenz von Quelle und dem Niedergang des Elektronik-Riesen Grundig in Fürth. In die Gegenwart geschafft

Liebe in Rot-Weiß

Ganz einfach »Glubb« nennen Fans ihren heißgeliebten **1. FC Nürnberg.** Mit viel Leidenschaft verfolgen sie das stetige Auf und Ab des 1900 gegründeten Fußballclubs, der momentan in der 2. Bundesliga spielt. Über die vergangenen Höhen und Tiefen des Traditionsvereins informiert in Nürnberg das Club-Museum.

Nürnberg, Valznerweiherstr. 200
fcn.de/tradition/club-museum

Geteiltes Dorf

Die innerdeutsche Grenze verlief nicht nur durch Berlin, sondern auch mitten durch den kleinen Ort Mödlareuth. Heute trennt der Tannbach nur noch Bayern und Thüringen – und das Deutsch-Deutsche Museum Mödlareuth erinnert als Gedenkstätte an die deutsche Teilung.

Töpen, Mödlareuth 13
moedlareuth.de/museum

Würzige Kreationen

Wer eine besonders feine Gewürzmischung sucht, ist in Klingenberg am Main richtig. Dort hat der ehemalige Spitzenkoch Ingo Holland das **Alte Gewürzamt** gegründet. Anfang Juni 2022 ist er überraschend gestorben, doch Sohn Kilian führt die Manufaktur fort.

Klingenberg am Main, In der Altstadt 7
altesgewuerzamt.de

haben es hingegen die Traditionsbetriebe Faber-Castell und Staedtler. Wichtige international agierende Arbeitgeber sind die s.Oliver Group in Rottendorf bei Würzburg und in Herzogenaurach der Zulieferbetrieb Schaeffler, Adidas und Puma.

industriemuseum-lauf.de

JÜDISCHE KULTUR

Seit etwa einem Jahrtausend prägen Juden das Leben in Franken mit, von mittelalterlichen Gelehrten bis zu Unternehmern in der Zeit der Industrialisierung. Über diese lange Geschichte informieren mehrere Museen, darunter das **Jüdische Museum Franken** in Fürth und das **Shalom Europa Museum** in Würzburg.

juedisches-museum.org
museumshalomeuropa.de

VERANSTALTUNGEN

Im Jahr 2022 bietet Franken diverse Highlights: So widmet sich die **Bayerische Landesausstellung** in Ansbach unter dem Titel »Typisch Franken?« der fränkischen Identität. Mit Ausstellungen und Veranstaltungen wird auch der **550. Geburtstag von Lucas Cranach dem Älteren** gefeiert, vor allem in dessen Geburtsstadt Kronach. Unter den jährlich wiederkehrenden Events sind die vielen **fränkischen Weinfeste** beliebt. Hochwertige Konzertreihen in besonderem Ambiente zeichnet das Qualitätssiegel **Musikzauber Franken** aus: Die Konzerte finden etwa in Kirchen, Klöstern, Schlössern oder sogar in Höhlen statt. Ein Klassiker für Rockfans ist das Festival **Rock im Park** in Nürnberg. Für Opernfans sind es natürlich die **Bayreuther Festspiele,** für Fans gezeichneter Geschichten der **Internationale Comic-Salon** in Erlangen. In Würzburg findet im Frühsommer das **Mozartfest** statt, dessen Tradition bis 1921 zurückreicht. Noch länger gibt es die **Kinderzeche** in Dinkelsbühl, ein Volksfest mit Festspiel, das auf ein schon im 17. Jahrhundert erwähntes Schulfest zurückgeht. Bekannt für Amateurtheater ist Sömmersdorf, wo 2024 wieder die **Fränkischen Passionsspiele** stattfinden – der Ort ist quasi das »fränkische Oberammergau«.

hdbg.de/typisch-franken; kronach.de
fraenkischer-weinfestkalender.de
frankentourismus.de/musikzauber-franken
rock-im-park.com; bayreuther-festspiele.de
comic-salon.de; mozartfest.de

DAS NÄCHSTE MERIAN ERSCHEINT AM 29. SEPTEMBER 2022

Ruhe sanft: Die Nachtzüge sind zurück. Wir haben uns von Zürich nach Zagreb geschlummert

Feiere laut: Ein Tanzvergnügen während der spektakulären Reise mit dem »Royal Scotsman«

Diniere gepflegt: Blick in den schicken Salonwagen des »Tren Al-Andalus«

Reise grenzenlos: Unterwegs mit dem Luxuszug in Namibia und Südafrikas Süden

FOTOS: ISABELA PACINI (2), VOLKER RENNER, ALESSIO COSTANTINI

Die schönsten Zugreisen der Welt

DAS IST DOCH DER GIPFEL Auf höchstem Niveau durch die Schweiz

WIRF DIE GLÄSER AN DIE WAND Mythos Transsibirische Eisenbahn

ANSTURM UND DRANG Hasnain Kazim übers Zugfahren in Indien

WIE GEHT'S UNS DENN HEUTE? Eine Bordärztin packt aus

Haben Sie eine MERIAN-Ausgabe verpasst?
Bestellservice: Tel. (040) 2717-1110
E-Mail: sonderversand@jalag.de
oder online bestellen unter merian.de
oder einzelheftbestellung.de

Abo bestellen:
Tel. (040) 21031371
E-Mail: leserservice-jalag@dpv.de
oder online unter shop.jalag.de

Zuletzt erschienen:

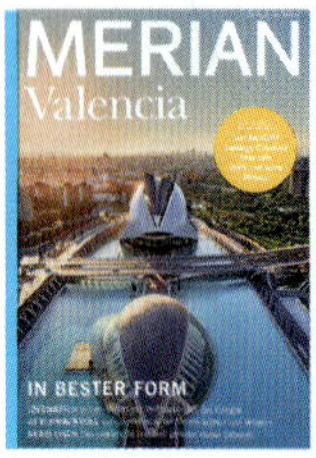

April 2022

Mai 2022

Juni 2022

Juli 2022

August 2022

In Vorbereitung:
Irland
Monaco und die Côte d'Azur
MERIAN wird 75